◆中华传统美德修养文库◆

勤劳节俭

徐潜　栾传大　主编

吉林文史出版社

图书在版编目(CIP)数据

勤劳节俭 / 徐潜,栾传大主编. ——长春:吉林文史出版社,2008.4
(2021.11 重印)

(中华传统美德修养文库)

ISBN 978 - 7 - 80702 - 828 - 4

Ⅰ.①勤… Ⅱ.①徐… ②栾… Ⅲ.品德教育—中国—通俗读物
Ⅳ.D648 - 49

中国版本图书馆 CIP 数据核字(2008)第 051022 号

丛 书 名 中华传统美德修养文库
QINLAOJIEJIAN
书 名 勤劳节俭

主 编 徐 潜 栾传大
选题总策划 徐 潜
项目负责 王尔立
责任编辑 张雅婷
责任校对 李洁华
装帧设计 韩璘工作室
出版发行 吉林文史出版社
地 址 福祉大路出版集团A座
网 址 www. jlws. com. cn
印 刷 三河市燕春印务有限公司
开 本 690mm × 960mm 1/16
印 张 8
字 数 50 千字
印 次 2021 年 11 月第 10 次印刷
书 号 ISBN 978 - 7 - 80702 - 828 - 4
定 价 30.00 元

总序

中国是礼仪之邦，是世界四大文明古国之一，有唯一历史发展不曾中断的记录。从公元前841年西周共和年代起迄今3000多年中所有的历史事件都有文字记载。在悠久的历史进程中积淀了丰富的文化遗产，形成了厚重的中华传统美德，至今仍滋润着她的子孙。在改革开放的新形势下，我们大力弘扬中华民族传统美德和优秀的人格修养，对于提高全民族的精神文化素质，提升国家的软实力，具有深邃的价值和深远的影响。

首先，它有利于协调人际关系。“和为贵”是中华美德的基本信条之一，建设社会主义和谐社会首先就要处理好人与人之间的关系，改善社会风气，使整个社会洋溢着和睦、和谐的氛围。这也是中华民族绵延几千年不断发展进步的重要思想基础。

第二，它有利于培养民族精神。“自尊，自立，自强”是中华民族的传统精神，民族精神是一个民族赖以生存和发展的精神支撑。中华民族之所以历经各种各样的磨难，仍然能够不屈不挠、昂首挺胸地走过来，就是因为以爱国主义为核心的团结统一、爱好和平、勤劳勇敢、自强不息的伟大民族精神在支撑、推动着我们民族的进步和发展。

第三，它有利于推动社会进步。“大同”社会是中华民族的传统理想，几千年来，中华民族传统美德促进了中国社会的文明与进步，使我国保留了令世人瞩目的灿烂文化。从原始社会、封建社会到近代社会，再到建立社会主义制度、推进社会主义现代化建设的今天，中国之所以能够不断发展进步，中华民族传统美德和优秀的人格修养发挥了重要的引领和推动作用。

中华民族的传统文化源远流长，是中华民族的灵魂，其精髓就是中华民族传统美德和人格修养。这是我们民族世世代代传承下来的瑰宝，几千年来不同时代先辈们身体力行，生生不息，中华民族传统美德深深植根在中华儿女的心里，融进血液中，也是现今中国人言行的准则，成为我们民族能够屹立于世界民族之林的重要根基。

今天，我们的祖国前进在改革开放与建设社会主义和谐社会的征程上，八面来风带来了全球各国的文化传统和社会价值观，信息传输手段的多元化以及国际交流日益频繁等，各种思潮和思想纷纷涌入国门，中华传统美德和人格修养也面临着能否与时俱进、继续在当代中国人的精神家园中占据主流地位的挑战。2006 年 3 月，党中央提出了"八荣八耻"的社会主义道德观和价值观，党的十七大又提出了"弘扬中华文化，建设中华民族共有精神家园"的方针，从历史与现实结合的高度充分肯定了中华传统美德和人格修养的历史价值，也表明了弘扬传统美德和人格修养的重要意义。

本书以讲历史故事的形式生动形象地按类讲述中华传统美德的经典事例，寓道理于故事之中，化物于无形，使青少年能在轻松愉快的阅读中潜移默化地接受美德的熏染，陶冶心灵，感受中华民族传统文化的博大精深，了解中华民族传统美德的根深叶茂，为是中华美德造就的现代中国人而自豪，更深刻地理解走有中国特色的社会主义道路的必然性。从而激发人们建设美好社会，建设美好家园，建设新生活的冲天豪情。

前言

勤劳节俭就是热爱劳动，勤奋工作，珍惜劳动成果，在日常生活中厉行节约，注意俭朴，不铺张浪费。

勤劳节俭是中华民族的传统美德，也是中华民族宝贵的精神财富。勤劳节俭连同其他美德，在中华民族悠久的历史长河中源远流长，代代相传。中华民族正是因为有了这些美德、这些传统，才得以生息繁衍，才得以不断发展，才能够屹立于世界民族之林，才能使人类的精神宝库璀璨夺目，熠熠闪光。

俗话说："劳动是幸福的左手，节约是幸福的右手。"我国劳动人民在长期的实践中懂得了勤劳与节俭的辩证关系，他们既能吃苦耐劳，又能克勤克俭。勤劳与节俭是一对孪生兄弟。古往今来，历史的前进，社会的发展，人类物质财富的积累，人民生活水平的提高，哪一点、哪一个环节能离开勤劳与节俭？

悠远的古代，为我们留下了无数个勤劳节俭的典型，在近代、当代，更有许许多多勤劳节俭的榜样。他们的事迹确实感人至深，他们的精神连同他们的英名永远留在世人的心里。

勤劳不是低贱，节俭不是吝啬，俭朴也不是穷酸，勤劳节俭是美德，是高尚的道德情操。

目 录

尧之“宫殿”

在遥远的古代，中国的黄河流域居住着许多分散的人群。他们按照亲属关系组成氏族，好些氏族又组成了部落。黄帝和炎帝就是两个大部落的首领。

过了很多年，尧当了炎黄部落联盟的首领。他很会治理天下。东西南北四方，春夏秋冬四季，农牧渔猎各业，他都安排管理得井井有条。当时的生产很落后，吃不上饭，穿不上衣的事常有。尧整天和老百姓在一起，对大家的苦难十分关心。他自己的生活也很俭朴。

尧看到有人吃不上饭，心想：这是我使他饿肚子的。遇到有人穿不上衣服，他总觉得：这是我有过错，才使他没衣服穿的。有人犯了罪，他也首先责备自己没有尽到责任。因为尧和人民同甘苦、共患难，所以他赢得了人民的爱戴。

有一天，几个部落首领来拜望尧。他们来到尧的“宫殿”门口，细一看，都愣住了。

“天哪，他住的是什么样的房子啊！”有个人先发出了感叹，其他人也跟着议论起来：“这明明是几间最普通的茅草房啊！”

“我们那里，守门官也比他住得好呢！”

正说着，尧走了出来。大家见他的穿戴，都不相信自己的眼睛了，嘴上没说，心里却想：

“难道这个身穿补丁衣裳的人，就是大名鼎鼎的尧吗？”

这些首领们互相看了看，他们每个人都比尧穿得好，脸上不禁露出惭愧的神情，从心眼儿里更加敬重尧了。

在尧招待各部落首领的“宴席”上，大家席地而坐，愉快地端起土钵、土碗，津津有味地喝着野菜汤，谈着治理天下的大事。“宫殿”里不时传出一阵阵的笑声。

从那以后，各部落的首领们都学着尧的样子，和老百姓同甘苦，共患难，同大自然展开了顽强的斗争。

舜帝勤劳节俭

在上古时期，舜居住在平阳（今临汾）。他是一位自己凿井而饮，耕田而食的勤劳的部落首领。

舜在很小的时候，母亲就去世了，他的继母总是不断地折磨他。特别是她生了儿子象以后，对舜更是百般虐待。

有一次，继母叫舜和象去种黄豆，她让舜种阳光不足的北坡，让象种土沃光足的南坡。她还把好豆种给了象，把不好的豆种子给了舜。舜和象各自种下了豆种。

勤劳的舜起早贪黑，不辞劳苦，整天耕耘在地里，浇水、除草、捉虫，样样精心。早晨还没等太阳升起，舜已出现在田间了；晚上太阳早已落山，他还没有放下手中的工作。

象由于母亲的娇生惯养，懒惰成性，挑不动水，举不起锄，怎能吃得一番辛苦而耕耘在田间呢？

于是北坡与南坡的豆苗，出现了截然不同的长势；舜的北坡上的豆棵，枝叶繁茂，绿茵茵；象的南坡，野草丛生，几乎看不见豆苗。

一天，帝尧来到这个地方，在山坡前，看见一个青年人，赶着一头黄牛和一头黑牛在犁地。那人手里并没有拿鞭子，而是拿着一个小簸箕，不时地敲几下，帝尧看着，心里很纳闷，心想这小伙子真奇怪，犁地敲簸箕，这是什么意思呢？这时，有一位白发长者，挑柴从对面山上下来，那小伙子看见后，便放下手中的活儿，接过了老人的担子，一直挑到山坡下面。等那老人过来，帝尧拱手道："老人家，这小伙子是您的儿子吗？"老人说："不是，他是我们这里的小首领。家住在附近，我是他的百姓。"帝尧问："他是首领还肯替你挑柴吗？"老人说："他就是这样，见谁有困难，就帮助谁，并且身为首领，从不让别人替他干活。你不见他自己正在犁地吗？"

帝尧走上前去，问了名字后，方知他叫舜。帝尧问他说："为什么耕地敲簸箕？"他说："牛虽是牲畜，但为我耕这样的山地，就已经很费劲了，如果我再用鞭子去抽它，实在从良心上过不去，所以，我用敲簸箕的声音吓一吓就行了。如果我要打，这头牛受痛苦就要猛拉，那头牛还按部就班。这样一头猛拉，一头不拉，结果乱了套，少耕地，还累得牛筋疲力尽，没有什么好处。"

听到这，帝尧连声称颂："有道理！既勤劳又爱惜牛，是个奇才，如果当了国君，一定很会用人。"后来，帝尧真的让位给舜。

由于舜在长期的艰苦劳动中积累了丰富的经验，国计民生，防敌御侮，无不处理得井井有条，成为百姓称颂的好首领。

壶叔告诫重耳节俭

春秋时期，晋国国君晋献公听信谗言，误以为他的儿子重耳有谋取君权的打算，十分生气。于是，他下令捕杀重耳。

重耳连夜带着亲信逃出晋国。途中，他的掌管钱财的家臣头须叛离。从此，他们身无分文，靠乞讨奔向齐国。

在齐国躲藏了一些日子，并不顺心。在几位心腹家臣的帮助下，又流亡到了秦国。秦穆公看到重耳一表人才，就招他做了女婿。

公元前 636 年，秦穆公对重耳说："我决定出兵晋国，送你回去挑起国君的担子。”

重耳想了想，说：“可以，只是大王率兵到了黄河边上即可，做我的后盾，不必过河。”

秦穆公点头答应了。

半月以后，秦国军队浩浩荡荡开到了黄河渡口。重耳望着对岸的晋国土地，自言自语地说：“十九年过去了，现在我终于又回来执政了！”

秦穆公派出一部分军队，由重耳率领过河，他自己则驻扎在河西，以做接应。

重耳向秦穆公告别以后，下令迅速渡河。过了一会儿，人马没有动静，重耳皱起眉头问：“为什么还不行动?”部下禀报说：“公子，壶叔讲，再等一会儿。”

原来，这壶叔是重耳的家臣，专管行李。他对重耳忠心耿耿，追随身边。逃亡期间，吃了许多苦，挨饿受冻，因而很懂得省俭。此时公子与众人马上就要返回晋国，他把重耳逃难时穿的旧衣服一件件洗好包得整整齐齐，准备带过河去。接着，他又将重耳早上吃剩的冷饭晾干，装好，让人送到船上。

重耳又等了一会儿，心中十分着急，于是，他匆匆下船，来到壶叔整理行装的地方，看看到底是怎么回事。到了一只船边，他看到壶叔在匆匆整理搬送破破烂烂的东西，又好气又好笑，说："壶叔，你太糊涂了！我们现在不是逃难，而是返回晋国。我要当国君了。你想，到那时要啥有啥，你收拾这些东西有什么用？"

不等壶叔说话，重耳就命令将士："别装船了。已经装上船的，扔进河里。什么破旧物品也不要带过河去！"

壶叔听后，非常气恼，大声制止。然后，转过身来，指着重耳的鼻子，责备说："公子，您的话不对！这些东西虽旧，可它们陪您十九年了！您难道忘了吗？流亡中您差点儿冻死饿死，是它们帮助您渡过了难关。何况这些东西还能用，您不能好了伤疤忘了疼呀！"

重耳听不进去，还是坚持把这些东西扔掉。重耳的老臣狐偃看到重耳不听规劝，大手大脚，也很伤心。于是取出秦穆公送给他的白玉说："如果您决心要抛弃这些有用的物品，您也像抛弃那些破烂一样，将我们也抛弃吧！就凭这些，您不会成就大业的。随从您的日子该结束了，这块白玉就作为分别的纪念吧。"

狐偃的话像警钟一样，使重耳认真思考起来。他觉得壶叔与狐偃说得有道理，自己怎么一下子糊涂了！地位变了，就喜新厌旧，大手大脚，那怎么能治理好国家呢！

重耳终于想通了，命令部下：“按壶叔说的去做，有用的东西一律留下，把丢到岸上的那些东西也都捡回来。”

晏婴为相清俭

晏婴（？—前500），又叫晏平仲，是春秋时期齐国的宰相。他先后侍奉过齐灵公、齐庄公、齐景公。作为国君的主要助手，晏婴节俭朴素，关心人民的疾苦。是春秋时期有名的清俭典型。在三世国君，名声显扬于诸侯，人们都尊敬地叫他“晏子”。

有一天，齐景公的一位大臣去晏子家，正赶上晏子在吃饭。晏子请客人同他一起吃，可是饭是按一个人做的，结果客人没吃饱，晏子也没吃饱。后来这位大臣把这件事告诉了齐景公。齐景公吃了一惊，说：

“啊？晏子家里这么穷么？”

随后，他派人给晏子送去许多钱和粮食，还给晏子带话说："这些钱和粮食，是专门给您招待宾客用的。"

晏子坚决不收。齐景公又接连两次派人来送，都被晏子谢绝了。齐景公有点不高兴，晏子就去向他解释说：

"我家并不穷。一个大臣为国家办事，得到报偿。他拿这些报偿去为百姓造福，那就是替君主来治理百姓了。如果一个大臣要把君主给他的报偿都独个藏起来，那他再富有也不过像一只箱子罢了。最后他死了，财产还要换新主人的。这种替别人看管钱财的事，聪明人是不会干的。我只要有饭吃，有衣穿就知足了。"

过了些日子，齐景公想看看晏子过的日子究竟怎样，

就亲自到他家。一进门，又赶上晏子正在吃饭。他上前仔细瞧了瞧，见晏子吃的是糙米饭，旁边有两小盘菜。一盘是野鸟肉，一盘是炒青菜。

齐景公长叹了一口气，对晏子说：

“您吃的饭这样差，我真不知道。这是我的过错。”

晏子刚要说什么，齐景公拦住他：

“您别说了。从前我要给您土地和钱粮，您总推脱不要，这回说什么我也要给您了。”

“我吃的很不错了。”晏子搓着双手，对齐景公说：“别说现在老百姓还要挨饿受冻，就连士人（等级比老百姓高的一种人）每顿也只是用米饭填饱肚子。我加上一盘鸟肉，等于士人吃两顿；再加上一盘炒青菜，顶士人吃三顿。我并没有高出一般人的品德，倒是吃了等于三个人的饭，怎么能算差呢？”

说完，晏子离开位子，对齐景公再次恭拜表示感谢，可对于额外的赏赐却无论如何也不肯收。

晏子的住宅临近闹市，下雨天道路泥泞，晴天的时候又尘土飞扬，房子又矮又潮。景公让他换住到一个干燥的地方去。说：“您选一个地势高爽，清静人少的地方，我给您盖一所宽敞明亮的大房子吧！”

晏子婉言谢绝说：“我的先人一直住在这所房子里，并没有感到不满足。”

可是后来当他出使晋国时，齐景公让人毁其住宅以及邻人的房舍，为他扩建成新居。他出使归来，一面拜谢景公，一面又恢复所拆邻人的住宅，又和他们一起各还其居。

还有一次，齐景公见晏子上朝的时候坐一辆很旧的车，拉车的马也又老又瘦，就暗地派人给晏子家里送去一辆新车。

晏子回到家，看到院子里停着一辆崭新的车子。拉车的四匹马，全是枣红色的高头大马。他知道这一定是齐景公派人送来的，立即返身上车，吩咐仆人赶着新车，跟在他后面，把新车送回去。

齐景公见晏子又把车送回来了，很不高兴，赌气地说：“您不接受我送的新车，以后我就不坐车了。”

晏子说：“我不能和您比。您派我管理全国的官吏，我应该给百官做个节俭的好样子。要是您坐华丽的车，我也坐华丽的车；您驾车的马雄壮高大，我驾车的马也雄壮高大，百官就要跟着学。我还怎么管教他们，禁止他们奢侈铺张呢？”

晏子没有接受齐景公给他的车和马，出门仍然是坐着那辆破旧的马车。

晏婴身体力行努力推行节俭，受到齐国人民的敬重。

墨子提倡节俭

在战国时代，奴隶主、王公贵族们死后，要劳动人民为他们营建坟墓。棺材外面用很大的木椁，还捆三层牛皮。死人穿着非常讲究的衣服。一起埋葬的有玉器、丝织品、饮食用具等数不清的珍贵的东西，地下要修巨大的墓穴来埋葬这些东西。

为了减轻人民的负担，墨子（名翟，鲁国人，生于公元前 376）反对奴隶主、王公贵族的奢侈浪费的寄生生活，提出“节用”、“节葬”的主张。他说：“人们穿衣服是为了御寒，夏天防暑热和雨水；制造车船是为了便利交通。”因此，他坚决反对在衣、食、住、行方面的任何浪费。关于埋葬死人，他说："一个人死了，有三寸厚的木板做棺材，就可以了；只要有几件衣服，不让死人赤身裸体就够了；至于坟墓，只要能掩埋住棺材，止住尸体的臭味就行了，何必挖得很深，埋得像小山那么高呢？"

为了提倡节俭，墨子和他的学生们，过着十分俭朴的生活，身上穿的是粗布短衣，脚上穿的是麻鞋木屐。墨子一生不但节俭，而且勤劳。亲手制造对人民的生活和生产有用的东西。墨子自己就是一位精通机械制造的人，特别擅长制造防御战争中使用的器械。

季文子以俭为荣

季文子是中国春秋时期鲁国的宰相，他虽然身居高位，却以俭为荣，从不铺张浪费。他家的住房非常简陋，也不多用仆人。他叮嘱家人说：“不要搞浮华，讲排场。饮食粗茶淡饭就可以了，衣服不脏不破就很好。”

有一天，他有公务出门，让他的侄儿备车。等了一会儿，不见动静，就径直向马厩走去。

刚走到马厩门口，他看到他侄儿慌慌张张将青草盖在马槽上，显出不安的样子。季文子很纳闷，问他在干什么，他侄儿支支吾吾说不出话来。季文子上前一看，原来马槽里有粮食。季文子十分生气，说：“我已经说过，不许用粮食喂马，有充足的草就可以了。因为现在还有许多穷人缺吃少穿！”

他侄儿点点头，说：“您说的道理我懂，我只是怕别人耻笑我们，说我们小气。”

季文子微微一笑，说：“既然明白自己做得不错，就不必去管别人说什么。”

他侄儿备好了马，季文子在车上坐好，他们出发了。马车很旧，一边走，一边发出使人心烦的吱嘎声。季文子的侄儿低着头，怕别人认出这是宰相家的马车。而季文子泰然自若，时而观望民情，时而皱眉沉思。

当马车走到一个十字路口时，季文子下了车，与百姓们交谈。这时，走过来一位穿着十分讲究的年轻人向季文子请安。季文子转身一看，认出了这个年轻人是大臣孟献之的儿子，名叫仲孙。

季文子问：“你父亲可好？”

仲孙点头说：“很好，他刚才还在这里买东西。”

季文子抬头一看，果然有辆豪华的马车正向西驰去。他说：“你们家好气派啊！依我看，要适可而止，还是以俭朴为好。”

仲孙不以为然，带着几分耻笑的口气说：“大人做宰相这么多年了，出出入入连一件像样的绸缎衣服都没有。喂的马，不给粮食，只给草吃。您每天乘坐瘦马破车，难道不怕别人笑话，说您太小气了吗？您这么小气，要是让别国人知道了，说不定还会认为我们鲁国人穷成了什么样子呢！”

季文子听了仲孙的话，语重心长地说：“你的话没有道理，这是因为你没有懂得节俭的意义。一个有修养的人，他可以克制贪心，因为他知道节俭可以使人向上。相反，一个人铺张浪费，必然贪得无厌。一个国家的大臣如能厉行节俭，艰苦奋斗，上行下效，百姓齐心，这个国家必然会越来越强大。因此，你怎么能说节俭丢脸和使国家衰败呢？”

季文子句句在理的一番话，说得仲孙哑口无言。他红着脸不好意思地走开了。

后来，季文子听说，仲孙真的想通了，他一改过去铺张浮华的缺点，重新做人了。

孙叔敖临终教子不忘节俭

春秋时候，楚国人孙叔敖在湖北云梦泽地区务农。耕种同时，他刻苦读书，很有学问。楚庄王继承王位以后，到处搜求治国人才。他听到孙叔敖很有才能的消息后，就请求孙叔敖出山做官，任命他为令尹。

孙叔敖工作兢兢业业，忠于职守，政绩十分突出。在他的辅佐下，楚国很快成为诸侯强国之一。

孙叔敖一向持家严格，勤俭为本，不许家人铺张浪费。由于长年劳累，晚年染上了重病。

他躺在病床上思前想后，最不放心的就是他的儿子孙安。他想，自己死后，楚王很可能会赐给孙安一份丰厚的产业，或者留孙安在大王身边做官。如果这样，孙安当然不用发愁衣食穿用，可这对他有什么好处呢？孙安自幼长在高官人家，生活方面已经比普通人优越了，如果再不靠自己的努力去养活自己，学会简朴地过日子，他就会变得更懒，变得更奢侈。这样，自己做父亲的，不是害了儿子吗！

孙叔敖想到这儿，忍着病痛坐起来，一笔一画地给楚王写了一份奏章。写好奏章，他把孙安叫到跟前，语重心长地对他说："孩子，父亲一生清苦朴素，廉洁为公，没有积蓄，不能给你留下什么遗产。我已经活不久了，我死后，楚王可能封你做官，或者赐你产业。我是了解你的，你没有治理国家的才能。我看，我死后，你就回老家种地务农吧。大王如果一定要给你产业，你就只收下一块地，但千万不要争什么好地，选一块没人要的地就可以了。记住，我一生俭朴，不求富贵，希望你也如此。"

孙安流着泪答应着。孙叔敖又将写好的奏章递给孙安，说："刚才嘱咐你的意思，我都写在奏章里了。我死后，你把奏章呈给楚王。"

几天后，孙叔敖病逝了，孙安遵照父亲遗嘱将奏章交给楚王。楚王读了奏章，深受感动。他要留孙安在自己身边做官，孙安坚持不肯。

孙安带着母亲回到老家种地为生。因为父亲没有遗产，逝世后又花去一笔丧葬费用，所以生活十分贫苦。但他牢记父亲的话，俭朴持家，日子是会过得去的。他买了一副扁担，开始打柴为生。

几年后，楚王听到了孙安和他害病的母亲的消息，心中十分难过，就派人送钱物给孙安，都被孙安谢绝了。

萧何生活俭朴

在汉中通往关中的山道上，一位年轻人骑着马借着月光匆匆赶路。突然，一位老者追了上来，把这位年轻人劝了回去。这就是“萧何月下追韩信”的典故。这个年轻人便是被刘邦重视、不辞而别的韩信，那位老者就是刘邦的相国萧何。

萧何（？—前193），是沛（今江苏沛县）人，秦朝时，任沛县吏。他在任县吏时期，清正廉明，从不搜刮民脂民膏。当地的百姓都很拥戴他。

有一年，萧何追随刘邦起兵反秦，兵入咸阳以后，众将纷纷争夺金银财物，萧何却分文未动，在城里到处搜集秦朝廷的律令图籍，从而使刘邦对天下各处关隘险要，户口多少，风俗民情等了如指掌。

刘邦做了汉中王，萧何被任命为丞相，他也是西汉的第一位丞相，与张良、韩信并称为汉初三杰。他亲手规划和组织了都城长安的营建工程，并提倡节俭使用，不得浪费各种建筑材料。他还参与了汉初“与民休息”政策的制定，减轻劳动人民的负担。

萧何做了十四年的丞相，在这十四年里，萧何一直过着十分俭朴的生活，从不穿戴华贵的服饰，更很少食山珍海味。

有一次，萧何的夫人看见他的朝服都已经旧了而且还补过了，就吩咐换了一件新的。萧何发现后，很不高兴，立刻又换了回来。并指责他的夫人说：“做丞相就不可以穿旧衣服了吗?”后来，萧何还做了个规定，就是没有他的命令，不允许随便更换他的衣服和用具。

在封建社会，当了官，衣、食、住、行都与老百姓不一样。按当时的规定，丞相的住宅，应该是高门大院、富丽堂皇才可相称。可是，萧何给自己建造的房舍，与老百姓的住宅没有什么两样，既不是高门大宅，更没有雕镂文饰，他说：“丞相也是与民休息，不能有什么特殊的地方。”

萧何虽然身居相位，但家无余财，唯有“桑几百株，薄田十几顷”，而且他在置买田产时，从来不抢肥田沃土。他说：“我希望我的子孙不要堕于奢侈。”

汉文帝刘恒提倡节俭有举措

西汉时期，汉文帝刘恒在位二十三年（前 179—前 157），景帝刘启在位十六年（前 156—前 141），这个时期历史上为“文景之治”。它是继西周“成康之治”以后，又一个盛世。

汉文帝目击继位前后，经济凋敝，荒地未耕，民有饥色。他作为一个封建帝王难能可贵地想到：“我的百姓生活那样苦，当官的没有能看到，因而，应该提倡节俭，身体力行，安抚百姓，休养生息。”于是他采取一系列节约安民的措施：裁减京师卫队；调拨皇室马匹，充实驿站；遣出惠帝后宫美人，令之改嫁；撤销旧有苑囿，将土地赐予农民；免官奴婢为庶人，严禁列侯夫人、诸侯王子食二千石和擅自征捕；抚恤赏赐孤寡老弱；下诏咨询："百官的奉养是否过于浪费？无用的事是否办得太多？为什么百姓的粮食如此缺乏？"等等。文帝在位的二十三年中，宫室、苑囿、车骑、服御均无所增盖。他曾想造一个露台，招工匠计算，需花费一百两黄金。文帝说："百金，相当于中等人家十家的财产，为什么要造个台呢？"于是下令不造此台。

文帝平时经常穿着黑色粗布做的衣服，就连对他最宠爱的慎夫人，要求也很严格，规定衣裙下摆不准拖到地面，帷帐是素面，全不刺绣，也没花边。

他修建陵墓时，下令随葬品只能用陶器，禁止用金银铜锡等贵重物品。他在遗诏中说："给我送葬的车马，不准陈列兵杖；送葬人带的白布孝带不准超过三寸；治丧期要短，在治丧期间，不要禁止百姓结婚、祭祀、饮酒和吃肉。"

由于汉文帝采取了选贤治国、轻徭薄赋、带头执法等一系列与民休养生息措施，也由于他带头节俭形成的俭朴之风，使西汉出现了社会安定，百姓富足的繁荣景象。

霍去病拒受豪华住宅

霍去病是西汉战功赫赫的年轻将领。他出身贫寒，少年时期曾在贵族家中做过奴仆。后来，他的姨母卫子夫做了汉武帝的皇后，霍去病才进入朝廷做了侍中。地位变了，但他仍然廉洁自俭，决不像一些贵族子弟那样花天酒地，寻花问柳。

霍去病苦读兵书，每天习武，常常忘了宫中开饭的时间。每逢这时，他就找些剩饭吃，从不叫苦。汉武帝看到他如此俭朴刻苦，就对人说："霍去病是个栋梁之材啊！"

公元前123年，年仅18岁的霍去病率领八百名骑兵初战匈奴，大获全胜，歼灭敌人千余名。消息传到长安，汉武帝十分高兴，破格赐封霍去病为冠军侯。

为了保卫国家，霍去病连年征战，立下了汗马功劳。汉武帝一再委以重任，最后提升他为大司马。霍去病虽然官位很高，但住宅非常一般，汉武帝为了奖励他，特意派人在长安为他修造一座豪华的住宅。

住宅修好后，汉武帝十分高兴。他特意带霍去病与他一起去参观这所新住宅。

他们来到了宅院门前，负责营造宅院的大臣介绍说："一切都是按皇上的旨意修建的。主楼中有豪华舒适的寝室，有宽敞明亮的会客厅，有环境幽雅的书房。出了主楼，就是美如仙境的小花园。亭台楼阁，奇花异草，应有尽有。"

他们参观完了这座豪华的宅院，汉武帝兴致勃勃地说："大司马，你可知这宅第是为谁修的？"

霍去病心中虽猜到几分，但还是说："不知，皇上未曾告知下臣。"

汉武帝哈哈大笑起来，说："爱卿，现在我要告诉你：这所漂亮的宅院是专为你修造的！"霍去病听罢，脸上并未流露出什么喜悦。汉武帝有些奇怪，问："怎么，你不喜欢？"霍去病恳切地说："皇上，您对我的恩赐我心领了！但是，这所豪华的住宅，却不能接受。这是因为，我仅是暂时击退了敌人，尚未完全消灭敌人。既然大敌仍然存在，我怎能忘记国家大事，去追求个人安逸呢？"

汉武帝望着霍去病，心中百感交集，一时不知如何说才好。

霍去病又一再拜谢皇恩，汉武帝终于被感动了，自言自语地说："好，好。国家多么需要像你这样的将领啊！"

召信臣革除奢靡之俗

西汉时期，有位南阳太守，名叫召信臣，他励精图治，兴利除弊，仅几年工夫，当地风气大变，百姓安居乐业。

当时正是汉元帝在位时期，西汉王朝由极盛开始衰败，元帝继位后沉湎于酒色，大小政事委任宦官石显，从元帝到贵戚近臣竞相奢侈挥霍，土地兼并日重。上行下效，朝廷的腐败风气很快蔓延到各地。河南南阳与其他地方一样，旧的风俗盛行，民间遇到红白喜事都要大操大办，破费巨大，弄得百姓叫苦不迭。许多人家因嫁女取媳生老病终而花费大量钱财，从而数年不得翻身。有的只图一时好看而忍痛借高利贷，最终家庭破败。南阳地区地主势力很大，攀比之风更盛，豪富们与府县官吏、游手好闲的纨绔子弟相互勾结，依仗权势，推波助澜，鱼肉乡里。腐败的社会风气使南阳社会秩序混乱，盗贼横行，百姓苦不堪言。

召信臣深知礼俗的危害，下决心改变这股恶习。他一面大力倡导勤俭节约，一面下令禁止婚丧嫁娶铺张浪费。他还采取措施，打击地方恶势力。对于游手好闲者严加痛斥，限令改邪归正；对已经当官的坚决罢免；对违法乱纪，鱼肉百姓者，则绳之以法。从此以后，南阳风俗大变，秩序安定，盗贼罕见，人人努力耕种农田，百姓日益富庶。

元帝最后一年，召信臣升任少府。他坚持勤俭治国，节约开支。任职不久，奏请压缩土木工程，一些皇帝很少光顾的宫馆，停止修缮和铺张陈设。又奏请取消由宦官组成的皇家乐队，提议将供给卫宫馆卫队的物品削减一半。这样，在一定程度上限制了腐化风气的发展。

召信臣任少府以前，太宫园内里曾建有温室，是专供皇室膳食的，每到冬令时节即提供生葱、韭菜等各类鲜菜。温室建得很考究，菜地四周盖起带庑廊的房屋，日夜生火以提高室内温度，使之在寒冬腊月，也能保证植物生长的温度。这样温室耗资可想而知。召信臣认为，这些设施劳民伤财，应该取消。于是，他借口温室里生长出来的东西不合时宜，不可用来贡奉皇帝，奏请一概废除。仅这一项，每年节约开支数千万。

召信臣千方百计草除奢靡之风，倡导勤劳节俭，深受百姓欢迎，百姓都称他为“召父”，为纪念这位“召父”，南阳吏民为他立祠造庙，世世祭祀不绝。

第五伦勤俭持家

东汉时候，有一位地方官，复姓第五，名叫伦。

第五伦为官清廉，持家有方，以俭治家，远近闻名，人人爱戴。

他当太守时，有一年，朝廷发给他两千石俸禄。他领到俸禄后，看到百姓中有些人家生活艰难，于是，留下自家食用外，其余全部分赠给穷困百姓。

汉光武刘秀时，第五伦出任太守。到了汉章帝时，他又被皇帝封为司空。他做官时间很长，按说应该有很多积蓄，但实际上并没有。他把大部分钱财都用于救济别人了。他对家人要求极严，不许子女穿绸衣，就连他的夫人，平时也只穿粗布衣裙。别的有钱人家，妻妾奴仆成群，第五伦家却粗茶淡饭，家中仅有一两个干重活的仆人，其他洗菜、做饭、缝纫等等家务，都由他妻子一人承担。

有一次，第五伦的一个远亲从外地来到他家。远亲心想，第五伦长年做官，官位显赫，家中一定是亭台楼阁，富丽堂皇。不料，走进第五伦家中一看，完全与他所想的相反，宅院狭小，摆设简朴，许多家具已很破旧。他还看到司空夫人忙里忙外，洗衣做饭，真让人难以相信……

吃饭时，那位远亲说："没听说过，大官的夫人还要下厨做饭！这不是和下等人一样了嘛！"

第五伦听了，不以为然地笑笑说："平常人家的妇人，不仅烧饭，还要干粗活，我们已经比别人强多了。持家要勤俭，否则若养成奢侈浪费的习惯，人就会变懒变馋。那样，家风就败坏了，家风不好，那才丢面子呢！我们的家风决不能变！"

那位远亲想了想，说："也许你说的是对的，不过，像你这样的大官少见啊！"

其实，第五伦在家中，不但让妻子、儿女做家务，他自己一有闲暇，也经常动手干些力气活。

有一天，第五伦的下属部门调来了一位新官。晚上，这位年轻的官员特意前来拜见上司。

年轻人走进第五伦家中，看到一位衣着简朴的妇人，说："请禀告你家主人，有客人来访。"

年轻人说罢，坐了下来，等待那妇人去禀报。

妇人听了年轻人的话，没有立刻离开屋子，而是上下打量了一下客人，然后和气地问："官人一定是新来的吧？"说着，倒来一杯茶，放在桌上，然后坐在年轻人的对面。

年轻官员见眼前妇人不去禀报，却坐在自己身旁，心中十分不悦。他瞪了妇人一眼，重复说："你回去禀报你家主人，说有客人来。"

妇人刚要说话，恰巧第五伦的小儿子跑了进来，喊道："娘，来客人了？"

这时，年轻官员才明白，这妇人是第五伦的夫人。他十分尴尬，但第五伦的妻子却不在意，仍然和气地说："太守不在家，他吃罢饭，随仆人一起上山割草去了。"年轻官员惊讶地问："割草？太守还要去割草？"那孩子说："是割草，爹爹割了草好喂马啊！"

杨震遗产留“清白”

杨震，是东汉时期的一位忠厚老实的读书人。他 50 岁才做上官，一生的日子过得很清贫。

杨震在做官前的二十年中，一直在当教书先生。由于他很有学问，对学生又很和蔼，因此，家长和学生都很敬重他。杨震为了养家糊口，课余时间还要在田里干活，收拾种的粮食和蔬菜。学生们看到老师上了一天课以后，还要干这么重的农活，就悄悄地来帮老师干点事。杨震发现后，马上制止了他们，并一再强调读书是学生的本分。他教过的学生一批又一批，不管哪个学生来看老师，他都从不收礼。杨震就是这样不管从人力上，还是物力上都不给人家添麻烦。他总觉得，自己是先生，要为人师表，一言一行，都应是学生的榜样，所以对自己要求得十分严格。

杨震有个学生叫王密，后来做了官，当了山东昌邑县的县令。此后不久，杨震被派到山东的东莱任太守，正好是王密的上司。上任途中，路过昌邑，就在那里住了一天。学生王密得知太守是自己当年的老师，喜出望外，当天晚上就带了重金前去拜访。

这天夜里杨震正在灯下读书，学生王密悄悄地走进房来。学生来看老师，自然是值得高兴的。杨震忙请他坐下，想好好叙说叙说。可是，那王密进屋后，就把一个沉甸甸的布包放在桌面上，顾不上跟老师说句话，打开布包露出了黄灿灿的金元宝，杨震一看，眉头紧皱，问："这是干什么？"王密说："这是我对先生的一片心意，请先生收下。"杨震执意不收，王密急了，说道："现在是夜里，无人知晓。"杨震一听，感到受了莫大的污辱。怎么能干这种事？这时他才明白王密的来意——在自己管辖的范围内当官，这分明是行贿讨好，拉关系，求照顾呀！杨震气愤极了，立刻拍案而起，厉声地把王密轰了出去。

杨震就是这样，当官多年，仍像以前那样从不收礼，一直过着粗茶淡饭的俭朴日子。他不仅这样要求自己，也同样要儿孙们照着他的样子去做。他总是这样对孩子们说：“我给你们留下的家产，就是我这个清官的品质！”

梁鸿与孟光勤俭致富

东汉时期，吴地有位靠白手起家成为富户，后又成为东汉很有学问的人，他的名字叫梁鸿。

梁鸿很小的时候，父亲就去世了，家里很贫穷。虽然家境贫寒，各方面条件都很差，却酷爱读书，凡读过的书都能通其词，解其意。一天晚上，他在柴火旁就火专心攻读，因火星蔓延引起火灾，将邻居家的一间房屋给烧着了。因没钱赔偿，只有把几头猪赔给人家，可是人家不答应，梁鸿主动赔身去帮人家干活。

梁鸿赔身后，每天从早到晚，一刻不停地干活。晚上仍刻苦读书。这样，白天给人家做工，晚上读书，长年累月，从不间断。这家主人见梁鸿终日勤劳，有毅力、做事又一丝不苟，日后一定有出息。于是告诉他说可以马上脱身了，而且答应把赔的猪也退给他。梁鸿坚持不要猪，只身回家了。

同县有个叫孟光的女子，家里比较富有，长得丑陋，可性格贤惠。家里给她说过许多婆家，都不中意，她决意要嫁给像梁鸿那样的男子。梁鸿感遇知己，完全不顾及孟光外貌的丑陋，欣然登门求婚，结果情投意合。但是，从孟光嫁到梁鸿家的第一天起，梁鸿却突然对孟光冷淡起来，成天闷闷不乐，硬是七天没有搭理孟光。到了第八天，孟光实在不明白是什么原因，便来到梁鸿面前，请问自己犯了什么过失。梁鸿又冷淡又伤心地说："我原来以为找到你，就遇到了知己，从此以后，我们两人志同道合，深居简出，勤俭持家，一心为事业而努力。而今却想不到你满身绣衣丽服，油头粉面，整天食鱼餐肉，竟是个爱打扮、奢侈、轻飘的女子。这难道是我所期望的吗?"孟光听了反而心里踏实了。她笑着说："我的这身打扮，和整天桌上的鱼肉，都是特意为了考察你的志向的。"说完，孟光解开了系扎的发髻，换上了布衣麻履，利利索索干起活来。梁鸿见了大喜，指着孟光说："这才真正是我梁鸿希望的妻子！"

梁鸿和孟光成家后，夫妻恩爱，志同道合，男耕女织，不忘学业。

孟光把娘家陪送的嫁妆、首饰都卖掉了，换了钱，买了田地和织布用具。他们寄居在一户人家的堂屋下，白天，梁鸿下地干活，辛勤耕作，有时还抽空去帮人家舂米挣钱；孟光在家洗衣做饭、织布，把里里外外安顿得井井有条，不让丈夫为家务事分半点心。晚上，梁鸿用过饭便埋头在堂屋的油灯下，专心著书，苦苦攻读；孟光织布到深夜。他们粗茶淡饭，勤劳节俭。打下的粮食一粒粒地都收回家里；织成的布一匹匹地换成钱。不到三年的时间，梁鸿和孟光有了自己的房子，又扩大了许多田产。由原来的一贫如洗，变成了富户人家。

梁鸿最终又成为东汉时期一个很有学问的人，孟光则成为一位很有德操的妇女典范。

是仪一生节俭奉公

赤壁之战以后，三国鼎立的局面基本形成。当时，在孙权执掌大权的吴国，有一个专管国家机要的骑都尉，名叫是仪，是一个文武并蓄，德才兼备的官员。

是仪原本姓“氏”，叫“氏仪”，大文豪孔融说“氏”字是“民”无上，不吉利，建议他改为姓“是”。于是，“氏仪”改为“是仪”。是仪前后做官半个世纪，从县吏到公卿、封侯。但他从未置过任何产业，不接受额外赏赐和别人的馈赠，一辈子过着极为俭朴的生活。他布衣素食，从不追求精美华丽的服饰和味香色佳的菜肴，更谈不上能粉黛附珠之妾和珍宝玉器了。他省吃俭用，把剩余钱粮都接济了贫困的乡邻。

是仪廉于自身，固守清俭的行为，受到当地人的尊敬，大家交口称赞。人们一传十，十传百，不久传到了孙权那里。起初，孙权并不太相信，因为在东吴时期，原来南方的土著士族和北方南徙的世家大族争相掠夺土地和人口，攀比排场，使奢侈之风日益兴盛，有的人身居高官，不思政务，却挖空心思搜刮财物，有的士族甚至积谷万仓，妻妾成群，婢女盈房，用粮肉喂犬马。孙权想：是仪固然可能没有田产，但到底会不会像朝野上下所赞誉的那样俭朴呢？为了证实传闻，他决定去是仪家看看究竟。

这一天，孙权连个招呼都不打，就驾车专程来到是仪家，只见他的屋舍简陋窄小，年久失修显得破旧，屋内光线昏暗，全然不像个朝廷重臣的宅第。过了一会儿，正巧是仪家开饭，孙权坚持要亲眼看看是仪家平时的饮食，端上来的是粗米饭和简单的蔬菜，亲口尝一尝，味道很一般。孙权叹息不已，连声说道：“想不到你为官数十载，身为朝廷股肱，竟吃得这么差，住得这么寒酸，耳闻目睹，可敬可佩！”说罢，孙权吩咐增加是仪的俸禄，并额外赏赐给他田产和住宅。是仪执意不肯接受，一再辞谢道："臣一生俭节，粗茶淡饮足矣。"孙权只得作罢。

从那以后，孙权对是仪倍加尊重，有一年，他外出巡视，又路过是仪家附近，忽见一幢壮观的新宅大院，外表修饰得富丽堂皇，在一片低矮的旧宅中十分引人注目。他问左右："这是谁家的新宅，如此富丽？"侍从中有人根据方位随口答道："好像是是仪家。"孙权连连摇头，说道："是仪简朴过人，堪称廉洁奉公的楷模，肯定不是他家营建的新房。"结果，一经查问，果然不是。

是仪一生勤勉、公不存私、清心寡欲的高风亮节，一直保持到生命最后一息。临终前，他留下遗言："死后只穿平常衣服入殓，薄棺素身，无须髹漆装饰，丧事杜绝奢华，一切务必从俭。按照是仪的遗愿，子女亲友们从简办了丧事，是仪的美德也一代一代流传下来。

陶侃爱惜物力

陶侃（259—334）是西晋一位杰出的政治家和军事家。他平素勤劳节俭，更知道爱惜物力。

当他任广州刺史时，每天早晨起身后，要从屋里搬运一百块砖到户外去，到了傍晚，又把砖搬回屋里来。有人见他每天都这样做，觉得很奇怪，便问他说："你每天把砖搬出搬进，究竟是什么意思呢?"陶侃笑着回答说："现在国家已努力准备收复中原失地，如果我生活过得太舒适，一旦国家需要我负起更重大责任时，恐怕会不耐劳苦，难于承担哩!"

后来，他被调任荆州刺史。有一次，他出游在外，看见一个人手里拿着一把未成熟的稻穗，觉得有点奇怪，就问道：“你手拿一把未成熟的稻穗，是做什么用的呢?”那个人回答：“这是我经过稻田时，随手摘下来的。”陶侃听了他的答话，非常生气，对他说：“你不耕种，根本不知道农民的辛苦，而今随意毁损农家的稻穗，一点都不知道爱惜，实在应该加以处罚!”于是就把他抓起来鞭打一顿，以教育大家，要爱惜庄稼。

又有一次，他看见造船匠人把锯下来的木屑竹头抛弃了，觉得很可惜，便下令把木屑、竹头统统贮藏起来。大家都不明白他的意思，感到很诧异。不久，下了一场大雪，天气放晴以后，积雪融化，门前路面很滑，他便叫人把木屑撒在路面上。又隔了不久，为了军事需要，必须赶造一批船只，恰巧这时竹子不够用，他就命令匠人把贮藏的竹子，削成竹钉，这样又轻易地解决了困难。到了这个时候，大家才明白，木屑、竹头都是有用的东西。

陶侃不仅勤俭和爱惜物力，也很爱惜光阴。他经常劝诫别人说：“大禹是位圣人，尚知爱惜寸阴，而我们这些平凡的人，应该爱惜分阴!”他说这段话的意思，是希望一般人要格外珍惜时间，应当在活着的时候，多替社会，国家做些有意义的和有价值的工作。

陶侃的一生，勤劳节俭，不但在当时受到赞扬，就是今天，对我们也很有教育意义。

葛洪砍柴换纸笔

丹阳句容县市街上经常能看到一个十几岁的卖烧柴的孩子。他面黄肌瘦，衣服上打着补丁，挑着烧柴沿街叫卖，担子很重，把他的脊背都压成了弓形。这一天太阳都偏西了，还没有人买柴，他就一直把担子挑到文具店的门前，放下担子坐在柴捆上擦汗。他经常来县城卖烧柴，也经常到这家店铺里来，他名字叫葛洪，是个勤劳节俭、刻苦学习的孩子，看起书来废寝忘食。邻居的孩子们成天下棋玩耍，玩掷骰等游戏，可他从不参加这些游戏，一心把时间放在学习上，长这么大了，连棋盘几道格都说不清楚。读书学习、买纸买笔要不少钱，然而家里很穷，吃穿都供不上，哪儿来的钱给他买学习用品呢？别看他还是个孩子，可是性格刚强，很有主见，家里没钱给他买笔、墨、纸、砚，他就每天早上上山打柴，等打了满满两大捆，就挑到城里去卖，卖了钱之后买些纸、笔等回去学习。有时笔使秃了就再买一只价钱便宜的毛笔，用毛笔在写过小字、大字的纸背面再写字，一张纸要用三四次。

一天，葛洪挑着两大捆柴来到了文具店，正歇在大门外擦汗，文具店老板出店送客，回头见葛洪坐在那儿，就打招呼说：“小伙子，又来买纸了？”葛洪说：“大伯，今天我的柴还没卖出去，想买点纸又没有钱，大伯你家不缺柴用吗？买下这些烧柴吧！都是一色儿的干树枝子，可好烧啦！我不要钱，你给我些纸笔就行，我这就给您挑进去。”店老板打心眼儿里喜欢这个说起话来响呱呱的孩子。于是笑着说：“行啊！孩子，你帮我把柴搬到后屋去，我这就去给你拿纸笔，保证是上等纸和最好使的笔。”

葛洪就是这样，以打柴换钱来勉强维持学习的。由于他刻苦努力，博学多才，经史百家他都有研究，而且还深通医道。

吴隐之清廉而不渝清操

吴隐之是东晋时著名的清官。他出身寒素，少年丧父，家道艰难，孤儿寡母常以豆类、咸菜度日，不时面临断炊的困境。贫苦的生活，磨炼了他的品德。他从小孝敬父母，敬重兄长，操行端正，从不贪图非分之物。因他自幼勤奋好学，博涉文史，兼以仪表堂堂，气质不凡，被吏部尚书韩伯赏识，封以官爵，后又被封为卫将军主簿。

吴隐之的官职，本属清显之官的范畴，俸禄较多。但他崇尚俭约，仅住着几间旧房，全家人穿着自家纺的麻布，他自己还穿着带补丁的布衫，家中所用的柴薪也经常由妻子刘氏自己搬运。

那一年，正是他在大将军谢石手下做主簿的时候，心爱的女儿要出嫁了。谢石知道吴家一向俭朴，就派遣自家厨子下人准备物品去吴家帮忙操办婚事。管家看料理得差不多了，第二天一大早，就急匆匆地赶到吴家。到大门口一看，悄无声息，没张灯，没结彩，根本看不到官宦人家喜庆之日的热闹情景。

正在管家疑惑不解之时，一个丫环手里牵着一条狗，从院里走出来。经了解，才知道是老爷让去把狗卖掉，换了钱为女儿买点嫁妆的。

吴隐之“卖狗嫁女”这件事，很快在当地传为佳话，人们都称赞他的俭朴作风。

后来，吴隐之回建康当官，这时，正值东晋王朝动乱迭起，风雨飘摇之际，达官贵人们，不是沉溺于酒色，醉生梦死，就是朋比为奸，争权夺势。在此污浊不堪的环境中，吴隐之不改清操，依旧保持廉洁俭朴的作风，他所得的俸禄，都与亲族平分，共同维持生计。寒冬腊月，吴隐之竟连一床像样的被子都没有。衣服换洗时，常常身裹被絮等衣服晾干再穿。生活的俭朴，几乎与贫苦庶民没什么两样，成了人人称道的俊贤之士。

出任广州刺史以后，吴隐之越发注重自己的操行。平日吃饭，不沾一点酒肉，仅以蔬菜和干鱼佐餐，家人的衣着，依然是往日的旧衫裤。府内，凡前任刺史留下的帐帷、器服等豪华之物一概撤除，堆放在外面的仓库里。当时，人们纷纷指长道短，说他矫揉造作，博取虚誉，而吴隐之始终不为流言所动，坚持革奢务俭。起初，帐下属吏以为新任刺史喜爱吃鱼，就常常进献剔除骨刺的鱼肉，企图讨好于他。结果，弄巧成拙，反被吴隐之黜降了官职。

东晋时的广州，并非今天的广州市，它辖有广东、广西的大部分地区，这里气候温暖，物产丰富，其州治南海番禺（今广州市）又是繁华的贸易中心，各国商船经常带来珠宝珍异。因此，做广州刺史，聚敛财富，易如反掌，历任刺史，也都是发了横财的。正如人们所说“广州刺史但经城门一过，便得三千万”，当他们离任返归时，往往载回大量奇珍异宝，金银财物。吴隐之做广州刺史则恪守节俭，分文不占。一次，吴隐之与妻子刘氏湖边观景，刘氏乘兴送给丈夫一斤沉香（当地产的薰香料）。吴隐之嫌它奢侈，随手丢入水中。当他任满返回建康时，与南来赴任时一样，依然两袖清风。

吴隐之的为人使当时正在着手改革的刘裕深深感动，出于敬重和同情，刘裕送给他坐车和耕牛，还要为他建造宅第，他也都一一谢绝了。

不久，吴隐之又被朝廷晋升为度支尚书，专掌国家财政收入，这又是一个难得的发财机会。但吴隐之抱定了不取不义之财的宗旨，尽管家空四壁，却从未染指经手的钱财。他就是这样身体力行，节俭一生，屡升官职，不渝清操，那眼贪泉在吴隐之那里，不再灵验了。

刘裕崇尚节俭

南朝宋武帝刘裕，生于晋哀帝隆和二年（363），卒于宋武帝永初三年（422），字德舆，少名寄奴。

魏晋以来，世风崇尚奢靡，赛豪华，斗富丽的故事很多。刘裕因为经历过贫困生活，所以他十分注意禁止奢靡作风。他平时清简寡欲，对珠玉车马、丝竹女宠都很有节制。

他称帝入宫，住处还是用土屏风，布灯笼，麻绳拂。他的孙子后来看了讥笑他是“乡巴佬”。他本人平时穿着也十分随便，连齿木屐，普通裙帽。他还把他补缀多层的破袄给长女并嘱咐她：后代如有骄奢不知节俭的，就拿给他们看看。他的女儿出嫁，陪送也不多，不给锦绣金玉。

刘裕还保存着自己少年时期使用的农具，用以教育后代，使其知道耕种庄稼的艰难。

岭南生产一种过于精细的细布，因其过于劳民，他责令该郡太守立即停产。在他的影响下，内外上下，奢靡之风为之一扫。

刘裕的这些作法，不仅在当时消除了弊政，扭转了世风，对其后的影响也是深远的。他儿子文帝时期出现的兵车不用，民无外劳，粮食遍野，夜不闭户，家给人足，处处歌舞的“元嘉之治”就是证明。

斛律光不穿时髦衣服

斛律光是南北朝时期的北齐人。他年轻时投身军队，屡经征战，很快就表现出了组织指挥的才能，被委任为大将军。

斛律光百战百胜，在朝野有很高的威望。他身为大将军，但在生活上却始终注意节俭，反对铺张浪费。一些人劝他趁掌握要职时修建一所漂亮的宅第，都被他拒绝了。

斛律光不修建宅第，不购置地产，不买贵重物品，对于他的俭朴，家人都能理解，但斛律光穿的衣服，不仅质地差，件数也少，他的夫人对此很有意见。叹着气对他说："你不购置衣服，出门穿着破旧，会被人耻笑。人家不仅仅笑话你，还要笑话我不会理财管家，不会照顾你！”

斛律光笑了，温和地说：“你的心，我明白了。其实，我高兴了，你就不必伤心。现在这样，我已经十分满足了。人家说我寒酸，寒酸有什么不好？难道奢侈就好？”

夫人不说话了，她知道，说也没用。

过了些日子，夫人自己做主，为斛律光做了一套很时髦的新衣服。当她双手捧给丈夫时，斛律光却说：“夫人，你还是不了解我呀！我是军人，要这种衣服干什么？衣服只要保暖遮羞，不破不脏就可以了。这衣服我不能穿！”

斛律光为人正直清廉，遭到了朝廷中一些贪官的嫉恨。

当时，朝中有一个叫祖珽的小人，品质低下，善弄权术，常常在齐帝高纬面前说斛律光的坏话。斛律光并不惧怕，大胆斥责祖珽。他说：“祖珽弄权，我们的国家就会完了！

祖珽对斛律光恨之入骨，决心害死他。他向齐帝诬告说：斛律光打了胜仗，是想争得名声，拉拢军队，日后好夺皇位。

齐帝高纬听了祖珽的话，信以为真，下令逮捕斛律光，处斩，并抄没他的家产。祖珽心中暗暗高兴。他带领人马捉回斛律光并亲自监斩杀了他。随后派大臣邢祖信率兵去抄斛律光的家，并叮嘱说：“要抄细，抄出万贯家产以证明斛律光的虚伪。”

半天过后，邢祖信回来报告说抄家完毕。祖珽命他详细汇报抄到的东西。邢祖信望了望满朝文武大臣，说：“斛律光将军全部值钱的家产如下：弓五十张，箭一百，刀七口，槊两支。”

祖珽听罢，脸上顿时没了血色。满朝文武哗然。祖珽还心存一线希望，恼怒地再问：“除此之外，还抄到了什么？”

“还抄到了二十根枣树枝。”据斛律光家的仆人解释，斛律光生前不许仆人与外人打架，有打架者，用此枣树枝抽打一百下。

祖珽灰溜溜地逃走了。在场的正直的人无不为斛律光的节俭清廉和冤死而落泪……

裴侠清慎奉公

裴侠生活在北魏孝文帝到西魏、北周时期，他原名裴协，因在战斗中身先士卒，冲锋陷阵而名声大振，为了嘉奖他，周文帝替他改名为“侠”。

裴侠所处的时代，战事连绵，政治腐败。做官的人，追求功名利禄，吃喝玩乐，而裴侠，仕途生涯几十年，却一贯勤俭朴素，从不为财物所诱。他憎恶贪官，清苦自守，住的是破屋漏房，吃的是粗茶淡饭。他晚年重病时，人们去探望他，见他仍住在不能防御风霜雨露的破房里，无不深深感动。北周文帝时期，他任河北郡守，人们称他“躬履素俭，爱人如子，所食惟菽麦盐菜而已”。当地群众是很怀念他的。当时郡内有个规定，在郡内抽取渔猎夫三十人，只供郡守役使，历任郡守都因此而大发其财。可裴侠上任郡守后，立即废除这个规定，并把他们的劳动所得，日积月累，购买了成群的马匹，供郡内公事使用。他还采取措施，建立法规，整治贪官污吏。对利用职权隐藏、贪污钱财的官吏，严格清查，从重处理。对自首认罪的，给予宽大处理。以后，人人畏法，贪污之风大大收敛。

裴侠有两个堂弟，一个叫裴伯凤，一个叫裴世秀，都在朝廷做官。他们见裴侠为官多年，家无余财，很不理解，曾劝他说："人生一世，草木一秋，功名利禄该享受的都要享受，像你这样清贫，不是自讨苦吃吗?"裴侠听了严肃地说："清廉是做官的本分，节俭是立身的基础。我之所以清廉自守，并不是为了猎取美名，目的在于修身养性，同时也害怕有损前辈廉洁的清名啊!"一席话，说得两个堂弟非常惭愧，哑口无言。

裴侠节俭立身，两袖清风，他的事迹留下了美名，人们怀念他的恩惠，作词歌颂，广为传唱。周文帝对他也十分钦佩，称赞他"清慎奉公，为天下之最"。裴侠获得了天下"独立君"的美称。

苏绰“心如清水，形如白玉”

西魏大统元年（535），有位叫苏绰的读书人被荐入朝，做了行台郎中，由于他博学善思，才识超群，且尽其智能、勤恳尽职，得到宇文泰的赏识和重用，官位连连高升，直至大行台度支尚书，领著作兼司农卿等职。大统十二年（546），因多年“积思劳倦”，苏绰壮年辞世，年仅49岁。

为官期间，苏绰极力倡导清廉奉公，大胆建议劝谏宇文泰、上奏“六条诏书”，他针对北魏后期官场腐败、官员奢侈的问题，在“诏书”中提出君主和各级官吏德行明敏，做到“心清如水，形如白玉”，要体恤民心，变奢从俭，当官的应对百姓“扇之以淳风，浸之以太和，被之以道德，示之以朴素”，这样才能“重拱而治天下以至太平”。

宇文泰对“六条诏书”很重视，命人抄录后作为自己的座右铭，并按“六条”采取了具体措施，使腐化之风大有收敛。

“心清如水，形如白玉”，正是苏绰自己处世立身的准则。

当官十余年，苏绰一直保持俭朴的习风，不为自己谋置田产宅第，更不仗势搜刮钱财。除了依靠所得的俸禄维持生计外，家里别无余财。不仅严于律己，苏绰还十分注意对孩子的教育，形成了清廉的家风，他的儿子苏威，后来做了隋朝大臣，与其父一样，“行己清俭，以廉慎见称”。受到世人的称赞。

正因为苏绰位高不谋私，权大不谋利，所以深得宇文泰的信任。宇文泰不在朝中时，把一些署过自己姓名印章的空白公文纸留给苏绰，让他以自己的名义处理临时事件。

苏绰俭朴正派，文武群臣都很钦佩，他去世的时候，大家无不凄然泪下。苏绰的遗体将要入殓时，宇文泰十分悲痛，他对公卿们说："苏尚书平生谦诏，敦尚俭约。我想成全他平素的志向，又恐怕那些见识短的人，不明白我的心意，如果厚葬盛殓，又有悖于昔日与苏尚书相知之道。实在左右为难啊！"这时，有个叫麻瑶的尚书令史上前对宇文泰说："古时候的晏子，是齐国的贤大夫。他一袭狐裘用了三十年，死时只有一辆车，齐侯不夺其志。苏绰既然操履清白，谦挹自居，我认为应该从俭薄葬，以彰其美。"宇文泰同意了他的意见。

出灵那天，苏绰的遗体只用一辆布车载着，宇文泰率领公卿大臣，徒步紧跟车后，送至郊外。他亲自于车后手把酒杯，洒酒于地，表示祭奠，大声痛哭。哀痛之极，连手中酒杯也失落在地。当苏绰的灵柩下葬之日，宇文泰又专门派人，以祭祀的最高规格——"太牢"祭奠苏绰，并亲自撰写了祭文，让一个清廉俭约的忠臣享受了难得的荣誉。

隋文帝厉行勤俭

公元 589 年，隋文帝杨坚实现了南北方的重新统一。他总结了前人的经验，认识到勤俭是治国最重要的有效途径。

为振兴国家，他身体力行，勤于政事，俭于自奉。每天一早，便上朝理政，直到过午还不知疲倦；乘车外出途中，遇到有人上书，便亲自停下来过问。在生活上他规定从帝王到后宫，服饰器用，务求节俭。妃嫔们的衣服，只要能穿，就不换新的；宫人们的衣服脏了，都要洗过再穿；车舆上的东西破了，补补之后再用。隋文帝自己的衣服和用物，也是用坏了，随时送去修补，补好再用。

有一天，隋文帝见到太子杨勇的铠甲曾精心地装饰过，很不高兴，便把太子叫到跟前，很严厉地告诫他说：“自古帝王没有好奢侈而能长久的。你当太子，应该把俭约放在首位，将来才能继承好皇位。为了让你学习我的榜样，我过去穿过的衣服，你应该各留一件在身边，经常观看，以便时刻提醒自己不要奢侈。”

有一次，隋文帝身患痢疾，配些止痢药，需用一两胡椒粉，可是，找遍了宫中上下都找不到。又一次，他到灾区视察，他拿着老百姓吃的糠给群臣看，痛苦地责备自己无德，表示今后膳食从简，不吃酒肉。

由于皇帝躬行节俭，使当时社会上也出现了俭朴之风。一般士人平日多穿布帛，装饰品也只用铜、铁、骨、角制造，不用金玉，为国家节省了大量的金钱和物资。

为了提倡节俭，形成风气，他还从法律上规定，对挥霍无度者，严惩不容。

隋文帝还经常派人侦查朝内外正官，发现罪状便加重惩罚。他痛恨官吏的贪污行为，甚至秘密派人给官吏送贿，一旦接受，立即处死。

他的儿子杨俊，生活奢侈，被发现，勒令禁闭。大臣杨素认为罚得太重，他说，皇上和百姓只有一个法律，照你说来，为什么不另造皇子律？

由于隋文帝在建国初能厉行勤俭，使政治较为清明，阶级矛盾相对缓和，人民的负担比南北朝时期有了显著的减轻。经济呈现出繁荣景象。

可惜，隋文帝晚年对自己提出的要求没能坚持始终。他的儿子杨广上台后，奢侈无度，不久就被农民起义推翻了。

李勣悯农爱粮

李勣（594—669），本姓徐，名世勣，赐李姓，为避太宗讳，去“世”字，单名勣，字懋功，曹州离狐（今山东东南）人，唐初大将，任唐右武侯大将军、司空等职，曾被封为东海郡公、曹国公、英国公。

李勣官高位显，禄厚薪丰，却十分节俭，尤其以悯农爱粮著称。

一天，家乡一个年轻人到京都拜见他。

吃饭时，桌上只有几盘素菜和几个麦饼子。李勣谈笑风生，大口大口地吃着。年轻人呢，吃了几口菜，觉得味道清淡，就懒得伸筷子。咬了几口饼子，觉得饼子很硬，就把饼皮撕下来，偷偷扔在地下。

年轻人的举动，被李勣看见了，心里很不高兴，便对年轻人说：“年轻人，我想向你请教一个问题！”年轻人道：“您老识多见广，何言请教？您有什么话只管说吧！”

李勣说：“我自幼家富，不知这饼子是怎么来的。你生在农村，一定熟悉，能讲给我听听吗？”年轻人回答：“这很简单，经过犁、耙、种、锄、收、打，便可得到麦粒；再将麦粒磨粉，就可得到面；再将面用水和，上锅烙，便可得到饼子。”

李勣捋着胡子笑着说：“哈哈，你说得不错。可是，这犁、耙、种、锄、收、打，还有磨、和、烙，就像你嘴说那么简单吗？锄，得头顶烈日，脚踏灼土，大汗淋漓，嗓子冒烟！还得浇水吧，那可要吱呀呀，吱呀呀，不停地摇辘轳，从早摇到太阳下，摇得腰酸背痛手又麻。年轻人，你没干过这些活吧？”

年轻人回答：“我父亲从不让我干这些。”

李勣说：“怪不得你这样不珍惜粮食呢！”

年轻人听了，面红耳赤。李勣令仆人拾起扔在地上的饼皮，用水洗净拿来，一块块放在嘴里。他吃得是那么津津有味。吃完，他抹了一下嘴说："谁知一颗麦粒，千分苦啊！"

从此，年轻人改了旧习，李勣悯农爱粮的故事也被传为佳话。

李沆修建普通四合院

唐太宗时的李沆，为人正直，庄重严谨，处事待人一丝不苟。

李沆官至中寺侍郎，地位显赫，但位高不慕虚荣，一向俭朴自律，从不奢侈浪费。

早年，李沆为安顿家眷，打算在河南封丘界内修建一处住宅。由于他的中书侍郎身份，曾使很多人热心为他出谋划策，自愿为他献钱出力，但都无一不被李沆所拒绝。有位朋友对他说：“你既然破土动工，就修一座豪华住宅，一劳永逸吧！”还有人劝他说：“有人主动赠款赠物，人家愿意赠，你就收下又有何妨！”

李沆听到这些劝说，十分生气。他不客气地说：“恕我直言，第一，我建什么房子，你们不必过问。为我个人操心，实在不值得。第二，赠款赠物的，不管好心坏心，我都不收，一文钱一根线都不能收。好心的，我不需要。坏心的，也别来这一套拉关系。”他与管家多次悄悄商议，定下了建房计划。

几个月后，新宅修建好了。关心李沆宅院的人，纷纷前来观看。挤得街前街后热闹非凡。

来观看和来祝贺的人都非常惊讶。原来，李沆修建的宅第门楼不高，和普通百姓的住宅毫无两样。人们议论纷纷，有的说他寒酸，小气，有的则说他故意摆样子等等。前来祝贺的知县摇了摇头，神秘地说：“你们只知其一，不知其二。”

人们以为知县了解特大秘密，都问知县有何高见。知县伸出胳膊，指着新建的宅院，说：“你们都只看到了院门院墙，没有进得院内，怎么可以仅仅根据门楼高矮大小来判断宅第的好坏呢？俗话说，财不外露，我看，这正是李沆大人的高明之处哩！”

知县的话，有人信，有人不信。只是他的话引起了人们更大的好奇心，个个伸着脖子，踮起脚尖，等候李大人打开大门，看个究竟。

李沆本不想张扬，但看到如此众多的亲朋前来祝贺观看，只好打开了大门，请大家进了院子。

出现在大家面前的这所中书侍郎的宅院，根本没有亭台高阁、假山流水、奇花异草，只不过是一座极普通的、与老百姓住宅一模一样的四合院。

人们都失望了。

事实仿佛没有使那些存有好奇心的人满足。

人们都说："李沆不愧是一位俭朴的大官。"

魏征提倡以俭治国

魏征是唐代杰出的政治家。他一生刚正磊落，守法不移。他身为朝廷的国公、宰相，由于敢于直言相谏，因此深受皇帝李世民的高度信任和重用。李世民把他喻为历史的一面“镜子”。魏征身上具备许多优秀品质，其中节俭朴素堪称世人的楷模。他提倡节俭治国，自己身体力行，率先垂范。

由于李世民采纳了魏征提出的“偃武修文”的主张，又对边境各少数民族和四邻各国采取了较好的安边政策，因此，四海安定，国家兴盛。于是，陶陶欲醉的李世民，不断地在宫中大会宾客，四邻来使，他不惜万金，铺张欢迎。众大臣们都在尽情地称贺，唯有魏征坐在一旁，默默不语。他在想什么呢？他望望各人筵前，山珍海味，丰盛无比，金杯银盏，醇香四溢，再看看这宽大的金殿，熏香缭绕，四周摆着各种形制精美的几、案、格橱、钟鼎玉石，

金银诸器，锃锃发光。一切多么富丽堂皇呀！是啊，国家兴盛了。李世民这样陶陶，是不是忘记了前三年的艰难？是不是忘记了隋炀帝挥霍无度，奢侈误国的教训？是不是忘掉民心不可失？得民心者，得天下。国家方才兴盛，如何保持这兴盛呢？魏征想到这里，感到这是当前一个最重要的问题，必须立即提醒李世民。

在酒筵上，魏征利用李世民让他发表见解的机会，饱含深情地说：“陛下，今日国家内外安定，初见兴盛，臣为此喜泪沾襟。可是，臣又有所忧虑，国家值此方兴未艾

之时，陛下安居这富丽典雅的宫殿，饱享这钟鼎玉食，金银珠宝之乐，会不会‘居——安——忘——危?’”魏征一字一顿地吐出了“居安忘危”四字，然后又疾如迅风地接着说道，“陛下，树根不深，枝叶不茂！水源不足，水流不远。当今国家初兴，根基不厚，必须居安思危，节奢侈，去浪费，一如既往，长谋远虑，以民为重，励精图治，否则前途堪忧！切盼陛下恕臣一片愚忠！”

李世民听了此言为之一震，转眼看着魏征，正欲言语，忽然一侍臣进宫来报，原来又有十个国家和君长要来朝见，李世民十分高兴，就此下了一道口诏，要求朝廷各方面做好准备，举行隆重的仪式款待来使，不得有失大唐的体面。

魏征料到，此事必然又要花费大量钱财。可是，如何处理四邻的友好关系呢？一会儿，魏征很快想出了一个两全其美的办法。魏征向李世民说道：“臣还是那句老话，陛下应当居安思危！当前主要是节俭。刚才，陛下传旨，要大摆仪式，接待西域来使，臣以为这样做于国不利。东汉光武帝在国家困难的时候，就暂时拒绝和西域来往，目的就是减轻劳费。眼下，国家虽然初兴，而边境百姓还很穷困。不久前接待高昌国王来朝，已经加重了沿途百姓的负担。现在又有十国使者要来，其人数不少于千人。这么大的队伍，从西域到京城，路途几千里，我们远接近迎，该要有多大开销啊！国家和地方，尤其是边境的百姓都承受不起这个负担哇！往后，他们还要不断地来……”

有人竟然打断魏征的话，说：“依魏大人之言，莫非是拒客于千里之外?”李世民深知国库的虚实，认为魏征主张节约，也符合国家的实际。但是，四邻的友好使者不能不以礼相待啊!

魏征仿佛看到了李世民的心思，仍然不动声色地说：“依愚臣之见，眼下四邻来使，有一个重要的目的，那就是希望和边境百姓互市贸易，俗话叫‘做买卖’。我们可以答应这个要求，使双方互通有无，和睦相处。这样，四邻满意，百姓高兴，我们也可以不必铺张欢迎。四邻百族，大家常来常往，既节俭，又友好，岂不两全其美!”

李世民闻言，不觉欢喜。刚才“居安思危”的劝告声，深深地触动了李世民。是呀！倘若不注重节俭，忘记了前三年的艰难，国家就不能继续兴盛，大唐功业就难预料！李世民想到这里，蓦地转身，深情地望着魏征，慢慢地转向房玄龄："房卿！朕方才的口诏收回，速派人传令，停止远迎！"

魏征个人的生活十分节俭朴素。贞观十七年，魏征病倒了，人们不断来到魏征家中，发现魏征的住房简陋，连一间接待宾客的正厅也没有，甚至连床上的被单都很不讲究。李世民得悉这些情况，感慨不已。

李世民听说魏征病情加重，预料这位老臣余日不多，自己即将失去一位忠心耿耿、直言敢谏的良臣，一时心情沉痛，没有叫人通报，就御驾亲临了。在魏征家里，李世民举目向四边看看，只见室内的陈设朴素无华。不觉暗自感叹：在这样繁华的京城中，谁相信这竟是国公、宰相的府第？

第二天，李世民又亲自带着太子和公主一同来看望魏征，并把公主许配给魏征的儿子。魏征来不及答谢，就与世永别了。

魏征死后，李世民十分悲痛，赐给他一品官的仪仗，命令九品以上的官员都参加治丧。朝廷罢朝五天，隆重举哀。

魏征的夫人裴氏见丧事这么隆重，向朝廷辞谢说：

“魏征一生节俭朴素，现在按一品官的礼仪哀悼安葬他，这么厚重，这不是魏征生前所愿。”

李世民尊重魏征的遗志，接受了裴夫人的要求，改为从俭办丧事。

长孙皇后崇尚节俭

唐朝，有位贤明的皇后，她就是唐太宗的文德顺圣皇后长孙氏，她一生尊崇节俭。

长孙皇后生了三个儿子。一天，太子的乳母遂安夫人见东宫用器太少，要求皇后添置一些。皇后不许，并说：“我替太子忧虑的是德不立而名不扬，并非器物太少。如今国家新建，百姓饱受战乱之苦，刚刚安定下来。太子作为储君，应多多体恤民情，注意节俭，方为人君之德。”

她不仅对太子严格要求，自己也是躬行节俭。凡是衣物车马，只要够用就好，从不讲究。六宫上下，都以皇后为榜样，不敢靡费。

公元634年，长孙皇后临终之际，正是大臣房玄龄因一点小的过错被太宗遣归家门之时。长孙皇后从大唐朝的利益出发，再三向唐太宗求情说：“玄龄跟随陛下时间最长，处事小心谨慎，参与国家机密，从来不泄漏一句，为官以国为忧，孜孜求治。平日生活节俭，从不奢侈浪费，一日三餐不食山珍海味。这是多可贵的品质啊！只要没有犯什么大错，请您不要罢免他。”长孙皇后又说：“我的本家有幸与皇上您结成姻亲，但他们并不是靠才德获得高位。生活上不注重节俭，追求华贵，贪图享受。这很容易闹出乱子，请皇上不要让他们掌握大权，只以外戚的身份入宫请见，我就放心了。”

最后，长孙皇后又用低微的声音说：“自古圣贤都崇尚节俭，只有无道之君才大兴土木，劳民伤财。我死之后，不可破费厚葬。只愿依山为坟，不用制造棺椁，所需器服用品，都用木瓦，如能以俭约送终，就是皇上对我的最好怀念了。”听了长孙皇后的话，太宗难以抑制心中的悲痛，默默地应允了她。

这位历史上少有的贤德之后，只活了36岁。

柳宗元开发柳州

柳宗元是中国历史上很有才华的政治改革家，著名文学家。他体恤民生疾苦，一生勤劳节俭，特别是开发岭南、造福岭南人民的美德千古流芳。

唐宪宗时期，已经43岁的柳宗元再度遭受打击，被贬到荒凉辽远的广西柳州做刺史。当时的柳州，古树参天，杂草丛生，毒蛇猛兽，比比皆是。生活在这里的壮族百姓，生产力低下，文化落后，迷信活动盛行，生活极端贫困。柳宗元上任后，一面改革落后习俗，一面带领百姓，勤耕垄亩，发展生产。

当时的柳州，荒地很多。柳宗元就组织闲散劳力去开垦。他教人们在被开垦的土地上种菜，种稻，种竹，种树。仅大云寺一处就种竹三万竿，开垦菜地百畦。他很重视植树造林，自己还亲自在柳江边上栽柳树，到柳州城西北种甘树。

柳宗元除亲自动手种植中草药，还亲自采药、晒药、制药、研究药的功效，常常用自己做试验，认识药性和药效，向人们宣传防病治病的知识。

当时，柳州民间流传着“三川九漏”的说法，柳州人不敢破土打井，因此，人们不得不用各种器皿去背江水饮用，路途遥远，十分艰难。柳宗元动员百姓破除迷信，并亲自动手带领大家破土打井，从那以后，柳州人才吃上自己打的井水。在柳宗元的教化下，柳州人还学会了养鸡养鱼修造船只等本领。改变落后面貌，出现了人人劳作，勤耕垄亩，宅有新屋，步有新船的新景象。

柳宗元做柳州刺史四年，一心恤民奉公，自己生活却很凄苦。虽为一州之长，但死后却无钱料理丧事，还是朋友相助，才得以归葬先人之墓。

为了怀念这位刺史，柳州人民为他在罗池立庙，奉他为“罗池之神”。这庙至今还矗立在柳州市的柳侯公园里。

刘晏雪中吃烧饼

刘晏是唐朝著名的政治家，善于管理经济。他官至左仆射，是负责全国财政的大臣。

他手中虽然掌管着全国亿万钱财，而自己的生活却十分俭朴。他的马车是旧的，穿的衣服也很平常，几乎与普通百姓一样。

一年冬天，有一次他办完公务准备去上早朝，正赶上天上下起了鹅毛大雪。五更时，街上的店铺燃起了香火，早饭的香味从一家家饮食店里飘逸出来。刘晏使劲地搓着冻僵了的双手，对车夫说：“找一家店铺，买一些早点充饥，然后再去上早朝。”

车夫答应着，将马车停在一家店铺前。刘晏走下车子，步入食杂店。他一看价格，比别的店贵，就转身退出店外。与车夫继续往前走，在一家价格便宜的烧饼铺前停了下来，他对车夫说：“你去买些烧饼，够我们两人吃的即可。”

车夫买来了热气腾腾的烧饼，刘晏急忙摘下帽子，将烧饼放在里面，然后，他和车夫一起站在雪地里吃起来。

几个也要上早朝的官员看到刘晏站在雪地里啃烧饼的样子，小声讥讽道：“刘晏身为国家大臣，太寒酸了！”“嘿，他怎么跟乡下佬似的！”刘晏听到了，毫不在意，说：“这烧饼真好吃！”

他的仆人听了人家的讥讽，心中愤愤不平，觉得脸上无光。刘晏却呵呵笑着说：“别被那些世俗的说法拉过去，个人要有主见。君子仁人从来就是讲求节俭的。一个人光讲奢侈，那才是真正丢了身份呢！”

车夫听了，点点头说：“老百姓还是赞成您的看法。”

刘晏的家位于闹市，居住人口杂乱。他的宅院无高楼亭阁，亦无奇花异草。因此，朋友们劝他换个地方重新修座庭院，也好风光风光，而刘晏却笑而不答，仍然住在原处。朋友们见他按兵不动，就暗地里为他找一块地皮。那里紧挨着朝中一些大臣的宅第。若在那里修建起豪华住宅，该是令人十分羡慕的。

地皮找好了，就告知了他："我们实在看不过去，你的住处太差了。一个普通的官员都比你的宅第强，何况你是掌管全国财政的大臣呢！地皮都为你找好了，你就下决心修造新府第吧！"

刘晏想了想，说："感谢你们对我的关心，但修建豪华宅院，我刘晏是决不会干的。住宅能挡风御寒、住人休息也就可以了，不必去追求豪华。希望各位明白我的主张。"

赵匡胤教女俭朴

后周显德七年（960），赵匡胤取代了后周，建立了宋朝。

赵匡胤在位十七年，他重视农业，鼓励垦荒，兴修水利，提倡节俭。他出身寒微，当上皇帝之后，并没有因此而奢侈起来。他的生活仍然非常俭朴。平时穿的衣服都是很寻常的“浣濯之衣”' 上朝穿的衣服也是用普通绸布制作的皇袍，冠戴没有珠宝玉饰。他的“寝殿设青布缘苇帘，宫中挛幕无文采之饰”。如果不是宴会，吃饭器皿只用瓷器，漆器而已。床上的蚊帐坏了，也不肯换新的。

赵匡胤在位期间不仅自己过布衣蔬食的俭朴生活，就是对他的子女及其他官宦人员也提倡节俭。要求“后宫衣不锦绣、侍御履不二采”。

赵匡胤的女儿永庆公主出嫁后，经常出入宫中来看望父母。她的衣着比较讲究，穿一身昂贵的贴绣铺翠襦。像这样的服饰在当时对于一位皇家公主来说，并不算过分。可是，赵匡胤看到了便说："自今以后，你不要穿这种衣服了。"公主辩解说："这能用多少翠羽呢?"赵匡胤说："你穿这种衣服，浪费是一方面，宫闱与戚畹贵族一定争相仿效。这样一来，京城中的翠羽便要涨价，小民为了逐利，辗转贸易，岂不使许多人舍本逐末?"

有一次，永庆公主来到宫中，看到皇帝的轿子一点都不华贵，就劝赵匡胤用黄金装饰一下肩舆（轿子）。赵匡胤不但没有接受，反而非常生气地说："我拥有四海之富，宫殿可以用金银做装饰，这些随时可以办到。但考虑到我是为天下守财，岂可妄用。古称以一人治天下，不以天下奉一人。况且用来奉养自己，到是快乐了，那么，使天下人怎么看呢?"

宋太祖赵匡胤的节俭言行，流风所及，使朝廷大臣很受感动。宋初大臣中也有不少人生活很俭朴，宰相范质就是节俭的典型。皇帝、宰相都如此简朴，其他人自然也不敢过于奢侈了。

范质戒奢

宋代有位宰相名叫范质，身居高位，但生活十分节俭。他身上穿的衣服是旧的，只要不破，干净就行；他的饭食也十分简朴，从不八大盘七大碗地摆阔，只要够吃就行；他用的物品，更是简朴得令人难以置信。

有一次他病了，皇帝宋太祖赵匡胤亲临大驾，前往探望。按理说，皇帝来了，应该盛情款待，用家中最好的精品才好，可是范质家里找不到一件精致的物品，请皇帝喝茶的好杯子也没有。范质用的茶具是粗瓷杯盘。皇帝看到粗瓷杯盘，立即皱了皱眉，心中很不高兴，暗想，他是朝中一品高官，怎能如此穷酸？

以后，皇帝又去了几次，细心观察，发现范质睡的硬板床，床上铺的是旧棉被，其他家具也是旧的。皇帝心想，这哪里是宰相的家啊！

皇帝回去后，就派人送去了雕花大床，鸭绒被褥和精美的茶具等。

不久，皇帝再去时，看到范质仍旧使用粗瓷杯盘，仍旧睡硬板床和旧棉被。皇帝便疑惑不解地问：“爱卿身为宰相，何必这样同自己过不去呢?”范质微微一笑，拱手回答道：“陛下给我那么多俸禄，岂能置办不起好家具?只是为臣倘若摆设豪华，过分奢侈，那么，来访的大小官吏便会一一效仿，这样，岂不带坏了朝野风气，成为千古罪人?”皇帝听了连声叫好，称赞他“身居高位，不为自己置办财产，是真正的宰相啊”！

范质戒奢以俭的道德情操成为一代风范。

苏东坡节俭自律

苏东坡是宋代著名的文学家。他曾做过宋哲宗的侍读。

他在给皇帝的奏章中讲述皇帝成功治理天下必须注意的六件事，其中很重要的一件是：讲节俭，简约朴素，不伤民财。

正因为如此，有一次宋神宗要大办元宵节，购买“浙灯”四千盏。苏东坡反对这样铺张浪费、劳民伤财，就大胆写了《谏买浙灯状》。神宗认为他的意见是对的，决定不再购买“浙灯”。

苏东坡 21 岁中进士，做了四十年官，有得意之时，也有被贬的不幸遭遇。不管是处于逆境还是顺境，他都节俭自律，极力反对奢侈。他认为奢侈腐化、大吃大喝不仅有害风气，也有害身体。在给一位友人的信中，他写道："口体之欲，何穷之有？每加节约，亦是惜福延寿之道。"意思是说，人的欲望是无穷尽的，注意节约，对身体和事业都有好处。

由于他养成了节俭的好习惯，所以他被贬官降职来到偏远地区时，也没有被穷困窘迫所吓倒。

为了度过困境，他将大大降低了的薪俸，精打细算，计划开支。这个办法是：将收入分为十二份，每月用一份，每份又分成三十小份，每日用一小份。他把分好的这些钱装在口袋里挂在房梁上，以后每日清晨取下一包。取下这包钱，再计划一下，先买急需的，能省就省。一日下来，决不超支。每日剩下的钱，他又装入另备的一只竹筒里，以备紧急事件时再用。

他用精打细算的办法度过了被贬的艰难岁月。

当他顺利时，身居高官也不忘节约俭朴。他给自己规定：每顿饭只能是一饭一菜。若来了客人，也只许加两个菜。如果亲朋请他去做客，他也事先告知对方，不要铺张，不然他就拒绝入席。

一次，他的一位好友从远地来，多年不见，分外亲热。好友请他去叙旧，苏东坡推辞不过，再三叮嘱他按老规矩，不可铺张。友人连连答应。

第二天，苏东坡按约赴宴。当他来到友人家中一看，大吃一惊。原来，友人觉得多年不见，今日宴请苏东坡，理应丰盛一些。而在苏东坡看来，却是过于奢华排场了。

苏东坡皱皱眉头，说："有约在先，怎么还这样铺张。"友人一再解释说："按我原意，比这还要丰盛，已经按兄长之意减去了一半。"

苏东坡摇摇头，说："你还是不了解我呀，我不是仅嘴上说说而已，而是从心眼儿里反对浪费的。请你撤去多余菜饭，够我二人食用即可，不然，我就要告辞了。"

那友人点点头，心里顿时升起敬佩之情，说："好，按你的意思办。"

仆人撤去了一大半，仅剩下四个盘子一壶酒。苏东坡笑着说："这不是很好嘛！"他和友人举起酒杯，热情地叙谈起来。

王安石不讲吃穿

宋朝著名政治家、文学家王安石一生致力于变法事业和文学创作，对于吃穿打扮这类事情，从来也不放在心上。平时，朋友们看见王安石总是穿着一件旧衣服。有个朋友就说，安石准是有了怪毛病，一定是不喜欢穿新衣服。为了验证这一猜想，有一天，趁洗澡的时候，他偷偷地把王安石的旧衣服拿走了，又放上了一套华丽的新衣服。过了一会儿，王安石洗完澡，拿起那套新衣服，连看都没看，穿上就走。他根本没发现自己的衣服被人换过了。这时，朋友们才明白，王安石专心于事业，对平时穿什么衣服根本不注意。

至于吃饭，王安石从来也不挑拣，家里做什么，他就吃什么，只要能吃饱，就行了。后来，王安石做了丞相，家人们私下传说他爱吃獐脯。这话传进王安石夫人的耳朵里，夫人好生疑惑，心想：相公平日吃东西从来不挑拣，难道做了丞相口味就变了吗？

想到这里，就唤来家人问道："你们怎么知道相公爱吃獐脯呢？"家人答道："我们亲眼看到相公不吃别的，只吃獐脯。"

夫人想了想，又问道："吃饭时，獐脯放在什么地方？"

家人说："放在相公面前。"

夫人心中一动，吩咐说："明天吃饭时，你们把獐脯放到离他远的地方去，把别的菜放在相公面前，看看相公怎样？"

第二天，家人来报告说："我们照夫人的吩咐做了，今天相公只吃了眼前的菜，那盘獐脯连动也没动。"

身为宰相的王安石，虽官高禄厚，但自己不讲究穿、不讲究吃，招待来客也不失节俭。

一次，王安石儿媳家的萧姓公子，趁来汴京游玩的机会，特地华衣锦服，来拜相府。这位萧公子，在家娇生惯养，吃惯了美味佳肴。这次来相府，满以为会有什么珍馐美味大饱口福。一上午，禁食节茶，以迎盛宴。

时近中午，仆人来唤。萧公子跟随仆人来至餐厅。出乎意料的是，桌上只有几盘家常便菜，几杯薄酒。他有些失望了。又一想：宰相府焉能如此寒酸！酒过数巡，王安石说了声“进汤饭来！”随后，仆人便把一盆汤和两盘薄饼放在桌上。萧公子彻底失望了，只好拿起一张饼，去掉边和皮，勉强吃了饼心，便撂筷了。这萧公子哪里知道，这便饭还是王安石的待客饭呢，他平日只有一菜一汤啊。

王安石看了看桌上的残饼，想：百姓多有食草根、树皮、观音土者，年轻人竟如此不知节俭，怎能兴国立业！于是，对萧公子说：“公子，你读过唐朝李绅的《悯农诗》吗？”萧公子答道：“读过。”接着，背了起来：“‘锄禾日当午，汗滴禾下土；谁知盘中餐，粒粒皆辛苦’！”王安石捋着胡子说：“背得好！公子，你一定知道这诗的含义吧？”王安石的小儿子抢着说：“我知道，是说农夫顶着晌午的烈日去锄禾，汗滴洒在禾苗下面的土里，谁能知道盘子里的饭，一粒粒都是辛苦劳动换来的。”王安石道："说得好。既然这盘中餐，粒粒皆辛苦，我们把这残饼吃了吧！"说完，拿起一块，大口大口地吃起来。萧公子赶快抢着吃……

王安石倡节俭食残饼的事，一时被传为佳话。

王沂公荣归避迎送

宋朝时，青州府的王沂公自幼好学，聪颖过人，待人诚恳。他十年苦读后，终于考中了进士，继而又被点中状元。

王沂公夺魁的消息很快传遍了京城内外，认识或不认识的人都纷纷前来祝贺。王沂公此时最思念的是故乡，是父母。不久，朝廷允许他回乡探亲。于是，他匆匆告别了汴京城，踏上返回故乡的旅途。

经过几天日夜兼程，终于在一个阳光明媚的日子进入青州地界。王沂公正欣赏着家乡美景，忽然，一阵热闹的鼓乐声伴着清风传来。王沂公驻马观看，只见大路不远处的一个岔道口上，聚集着一群人，他们有的在吹吹打打，有的在燃放鞭炮，有的在摆桌倒茶……

“他们在干什么?”王沂公轻声问一个过路人。过路人说：“客官，您不知道吗?青州府出了个状元，名叫王沂公。他们是知府大人派来的，在此等候迎接状元荣归故里。”

王沂公点了点头，一边感到高兴，一边又隐隐感到不安。他想：我寒窗苦读，是为了能为国为民做些事业，现在刚中了状元，贡献尚无，就惊动地方，实在不好。今日迎我，我若前去，必定会使地方更加兴师动众，惊扰乡里。这样铺张浪费，实在不可。

他打定主意，掉转马头，从小路前行。他边走边想，今后为官，务要注意节俭清廉。想到此处，他觉得自己穿朝服，跨大马，必然会被人认出来。一旦认出，实难遮掩，消息会不胫而走，到那时自己想回避铺张浪费的迎送都困难了。于是，王沂公停下来，脱了官服，找了一头毛驴代替高头大马，然后又上路了。

进了青州城，王沂公径直去见知府。来到知府官邸，只见门里门外十分热闹，上下都在忙碌。他不用问，一猜便知他们是为迎接状元公在忙碌。他皱起眉头，叹了口气说：“小小状元尚且如此，来了上司或朝廷官员，肯定更要铺张，此风断不可长。”

门人通报以后，知府大吃一惊，忙迎了出来。他望着便服装束的王沂公说：“这是怎么回事？状元公怎么独自到了？听说您荣归故里，我已派人在路上恭候，现在，怎么就您一个人啊？”

王沂公笑着说：“晚生承蒙乡亲支持，皇上恩德，侥幸中了状元，既无功，又未为家乡出力，怎敢劳动各位，惊动乡亲呢！”

知府摇头说：“话虽这样讲，但状元荣归，理当迎候庆祝，这是历来规矩，区区小事，您不必有什么顾虑和不安。”

王沂公也摇了摇头，说：“大人的话，晚生不敢苟同。晚生以为，不必要的事，就不要去做，更不可虚夸，不能铺张浪费。谢谢大人的好心，但晚生实不敢当，也打心眼儿里不同意这样做。”

说罢，王沂公便向知府告辞，回家拜见父母了。

司马光典地葬妻

公元1086年9月，在山西闻喜县南涑水乡竖起了一块高大的墓碑，上面刻着“忠清粹德”四个大字，墓碑后面静静长眠着的是当朝宰相、大史学家司马光。

司马光为官近四十年，大部分时间是在中央任职，官职不低，俸禄也不少，本可以拥有万贯家财，富甲天下，但他一生戒奢戒侈，清俭廉洁，他的美德被人们万古传颂。

熙宁元丰年间，司马光离开京都，身居洛阳，潜心著书，后来完成了光辉著作《资治通鉴》。

洛阳为北宋西京，王公大族在这里住的很多，因此到处可以见到深宅大院，亭台楼阁。有的园宅建得富丽堂皇，气势恢弘，飞檐斗兽，华丽无比。而司马光住在洛阳西北数十里处的一个陋巷中，只有几间避风雨的茅檐草舍。一到三九寒天，北风呼啸，茅檐多被风卷去，室内冷气袭人；盛夏又酷热难熬。

一年冬天，大雪纷飞，天寒地冻，北风狂吼，一般有钱人家都得生火取暖，而司马光家竟连一盆炭火也没有，屋里寒气逼人。这时，一位东京来的客人慕名拜访司马光，在“客厅”里，宾主落座，热情交谈。谈了一会儿，因室内寒冷，冻得客人瑟瑟发抖。司马光很抱歉，只好吩咐熬碗栗子姜汤给客人去寒。客人喝了姜汤，自然身体暖和了一些，又叙谈一阵，起身告辞。

后来，这位客人又去拜访范镇，范镇家中，不仅有炭火取暖，而且摆上丰盛的酒菜，宾主频频交杯，消寒去冷。前后对比，客人便提起了拜访司马光的事，感到司马光对人冷淡。范镇听了，认真地说：“不，你不了解他。他一向崇尚俭朴，不喜欢奢华。不是对你冷淡，我到他家也一样。平日，他自己连一杯栗子姜汤也不喝呢！”客人听了十分感动。

后来，司马光想了个办法，解决了房屋“夏不避暑，冬不避寒”的问题，他在房中挖地砌砖，修了个地下室。因此，当时的西京人流传这样一句话：“王家钻天，司马入地。”

司马光本来官高势显，积万贯家财，富甲天下，是完全可以办到的，然而，他却如此清贫自守。

司马光为官正派，一生忧国忧民，他看到北宋人民卖儿卖女，无以为生，宗亲贵臣之家都花天酒地，挥霍无度，十分憎恶，他认为：“府库之财，民之膏血”，必须节用开支，以舒民力。嘉祐八年，宋仁宗向大臣们赏赐财物，金银珠宝，丝绸绢帛，光彩夺目。大臣们个个乐不可支，有的还觉得皇上给的少。司马光见此情景，十分反感，于是上疏皇上，指出，国家正处多事之秋，“民穷国困，中外窘迫”，表示不接受赏赐，他把所得珠宝交给谏院作为办公费。

司马光为人心地善良，经常把俸禄周济穷困的亲戚朋友。有一个叫庞籍的人，死后遗下孤儿寡母，生活无着落，非常可怜，司马光便将他们接到家中，待他们如同自己的父母兄弟，使周围的人深受感动。后来，他的妻子故去了，他竟连安葬妻子的钱也拿不出，只好把仅有的三顷薄地卖掉，安葬了妻子，这就是人们传颂的司马光“典地葬妻”的故事。

司马光不仅自己一生节俭，他还特别重视教育子女勤俭，他写一篇《训俭示康》一文教育儿子司马康，必须养成俭朴习惯。他说：“衣服能以蔽寒，吃的能够充饥就可以了。许多人以奢侈豪华为荣，我独以俭朴为美德。”他还引鲁国的大夫御孙的话说：“俭是一切美德的基础，奢侈是万恶的根源。”他引申解释说：“凡是俭朴的人私欲就少，有地位的人私欲少，就不会被五光十色的物质所诱惑，就能走光明正大的道路，一般的人私欲少，就能够自身谨慎，节俭花费，避免犯罪，发家致富。所以说，俭是一切美德的基础；奢侈，就私欲多，有地位的人私欲多，就会贪图富贵，离开正道招来祸患；一般的人私欲多，就会多取滥用，败家丧身。因此当官必然受贿，当平民必然偷盗。所以说，奢侈是万恶的大根源啊。”

司马光以其高尚道德赢得了崇高的威信，被誉为“真宰相”。田夫野老，妇人孺子，都知道有个司马相公。宋哲公继位以后，司马光被召回京师，听说司马相公要从洛阳回来了，人们几乎倾城出动，都要亲眼看一看这位“大人”。史书记载当时的情景是：“都人叠足聚观，致马不能行。有登楼骑屋者，瓦为之碎，树枝为之折。”人们都以亲眼目睹司马光尊容为一生荣幸。

司马光晚年，年老体弱，他的好友刘贤良要用五十万钱买个女婢供他使唤，司马光当即复信谢绝，说：“吾几十年来，食不敢常有肉，衣不敢有纯帛，多穿麻葛粗布，何敢以五十万市一婢乎？”

司马光的俭朴德行对后辈影响很大，他的儿子司马康做官以后，也像父亲一样节俭朴素，被称为“为人清廉，口不言财”的一代廉士。

范仲淹教子保持勤俭家风

范仲淹小时候家境非常贫苦，10 多岁他才上学。他读书很专心，而且生活相当艰苦. 他常常自己煮些粥，等它凝成冻子以后，用刀划成四块，早上吃两块，晚上吃两块，这就是一天的主食。后来他到应天府南都学舍求学，同窗好友看他生活很清苦，就从家拿来许多奇餐佳肴，几天后好友发现这些好吃的他一点也没动，就非常生气。他却说："我多年吃粥已经成了习惯，如果骤然吃起这么好的美味佳肴来，恐怕以后就再也不想喝粥了。"

就这样，范仲淹历经艰苦，刻苦学习，最后官至参知政事，但在他的生活中始终保持勤俭的作风。

到了晚年，范仲淹官场不得志，又和当时的隐士林逋有来往，当时人猜测他似有退隐之意。不少人劝他二儿子范纯仁“要给他老人家安排一个栖身之地”。纯仁就找到弟弟纯礼商量要在河南府（今河南洛阳）给父亲建造一处宅第和花园，一来可以作为父亲晚年欢愉之所；二来也算做儿子的一片孝心。范仲淹听了摇着头说：“不成！不成！”纯礼说：“爹爹，河南府建了那么多宅第，我们怎么就不能营建呢？”范仲淹语重心长地说：“孩子，一个人假若有了道义上的快乐，即使是赤身露体地躺在荒天野地里，心里也是高兴的。何况我还有房子住！我早就说过：士当先天下之忧而忧，后天下之乐而乐。我怎么能无忧无虑地一个人去享清福呢！我现在担忧的是那些身居高位的人不愿从高位上退下来，不担忧自己退下来以后没有好的居住条件。关于建造宅第的事，你们永远不要再提了。”

范仲淹一生俭朴，虽官居高位，也还是节衣缩食，清淡俭约。而且对孩子们要求得也非常严格。

八月中秋的一个晚上，晴朗的天空，悬挂着一轮皎洁的明月。范仲淹家的院子里，月光像水银一样铺洒了一地。房前的竹丛旁边，放着一张竹茶几。茶几上边供着一炉香，摆列着几碟瓜果和月饼。这时，小儿子纯粹仰着小脸问：“爹，今天过节，咱们家怎么不吃好的呀。”纯仁对弟弟小声说：“弟弟，爹爹有规矩，咱家不来重要客人，是不吃好的呀。”

范仲淹看着刚满5周岁的小儿子范纯粹，感慨地说：“哎，我小时候，你们的奶奶领着我逃难到了山东。后来上学，因为家里穷，每天只能喝两顿稀粥。刚开始做官的年月里，我的俸禄少，尽管我和你们的母亲省吃俭用，也没让你奶奶吃过什么好东西。后来我的俸禄多了，你们的奶奶又早早地离开了人间，你们的奶奶真是苦了一辈子呀！”说到这里，范仲淹的心里很难过。他看着孩子们，除了纯粹仰着小脸听父亲说话，纯仁、纯礼都低着头，显出十分悲痛的样子。

“可是，你们兄弟几个，从小就没有吃过苦。现在我最担心的是你们会不会丢掉咱范家勤俭的家风。”

到了纯仁娶妻时，纯仁心想：结婚是人生中的大事，绝不能办得无声无息的，况且父亲又是个大官，不知有多少人要来贺喜呢。于是，他把打算购买的许多贵重物品，列了一张清单，请求父亲批准。范仲淹拿着清单，越看眉头皱得越紧，他摇了摇头，生气地对儿子说："太过分了！哪能为婚事这么浪费？你这个清单，我得划去多半！"纯仁听了，就像被兜头泼了一盆冷水，心里非常不高兴。范仲淹走到儿子身边，拍着他的肩膀，语重心长地说："孩子呀，不是爹舍不得为你花钱，如果你过惯了荣华富贵的日子，就吃不了一点儿苦了……

经过爹爹的教诲，纯仁终于冷静下来了，让爹爹为他修改了清单，比较简朴地办了婚事。纯仁结婚后，媳妇以罗绮为幔帐，范仲淹听了非常生气。他说，我家向来清俭，用罗为幔，岂不是乱了我们的家法？如果他们敢这样做，我一定要在院子里把它烧掉。纯仁和纯礼想起爹爹平时的教诲，急忙说："爹爹，请您不要担心，我们一定要保持住咱们的家风。"

"那很好！这样我死以后也就瞑目了。"纯仁、纯礼走了以后，范仲淹的心无论如何也平静不下来。他为子女能保持勤俭的家风而感到欣慰。同时他又感到自己年纪大了，而且身体也越来越差，但多年节俭而积蓄的那些俸禄又怎么使用呢？范仲淹坐在那里，反复地思考着……

这天，范仲淹把纯仁纯礼叫来说：“我年纪大了，不过这些年来我还积存了不少钱财，你们看应该怎么办呢？”

纯仁和纯礼低头思想，没有吱声。

“怎么，留给你们几个分掉？”

“不！不！我们不要。”

范纯仁脑子里一转，马上说：“爹爹，你在边防时曾把钱财送给了穷苦的兵士；在应州和邠州时，又善施给了那里的百姓。如果你还像过去那样，把积存的俸禄用来周济他人，不是很好吗？”

范仲淹听了纯仁的话，心中暗暗高兴。他说：“是啊！我是想这么做的。我做官几十年，虽然泛爱乐善，广施于人，但对咱们老家的族人还没有办过什么事情。我想把这些剩余的俸禄在吴县买上千亩良田，作为义庄，养济族人，使范姓之民日有食，岁有衣，嫁娶丧葬都有些补贴。你们看怎么样？”“爹爹说得极是，孩儿从命。”

范仲淹又说：“这件事我已考虑了很久，还准备在族人中收一名义子，代我管理义庄。”他停了一会儿，又告诫孩子们：“将来你们做了官，要保持好咱们的家风，千万不能只顾自己享乐，要先忧天下之人，要为国家和百姓多做些事情。”

公元1052年春，范仲淹又调往颍州（今安徽阜阳）。在往颍州上任的途中病逝，终年64岁。当时人们无不为这个尽国爱民的清官而悲哀，都赞叹范仲淹的高尚情操。

张俭不穿新皮袍

北宋时期，北部契丹族的辽国皇帝圣宗耶律隆绪统治时期，有一位宰相名叫张俭。张俭做了二十多年宰相，始终倡导俭朴精神，反对奢侈浪费。在辽国，因处在北方，冬季长而且冷，人人都有皮袍。皮袍做工及面料悬殊极大，一般百姓穿的羊皮袄根本配不起面料。达官贵人常以皮袄之多少与面料、手工的好劣来显示自己的身份和地位。人们在路上匆匆走过时，总要彼此打量一下对方的皮袍。不要说那些王公大臣了，就是一般小官吏，每人少说也有几套像样的皮袍子。

在人们崇尚华丽高贵的装束时，张俭却总是穿着那件虽干净但却陈旧的皮袍。那皮袍，少说也有三十年了。

张俭常开玩笑地对亲朋说：“我和我的全家都讲究节俭！连我的名字也沾着节俭的边。”

张俭身为宰相，仅为自己准备了一件皮袍，一些有远见的人都说：“宰相尚且穿着朴素，何况我们呢！”还有些讲求奢侈的人也稍稍收敛了一些。当然，也有少数人铺张浪费搜刮百姓已成恶习，不仅认识不到张俭所作所为的意义，而且觉得他有钱不用，装穷，是为了拢络人心。

人们的议论渐渐传入了圣宗的耳朵，他从一位大臣那里打听到了张俭只有一件穿了几十年的旧皮袍后，感到很吃惊，说：“如果张宰相的事果真如此，那确实令人佩服。不过，作为百官之首，俸银是不少的，怎么会连件好些的皮袍都做不起呢？真让人有些不敢相信。”圣宗把此事暗暗记在心中，总想寻找机会证实一下。

机会终于来了。有一天，张俭到宫中和圣宗谈论国事。当张俭谈兴正浓时，圣宗事先安排好的一位小太监手拿香火，悄悄在张俭的皮袍背上烫了一个洞。张俭聚精会神地讲话，竟毫无察觉。圣宗看在眼里，心中十分得意：难道他仅此一件皮袍？

第二年冬天又来了，圣宗并未忘记此事。在众大臣又都穿起皮袍上朝议事时，圣宗故意地在大殿上走来走去，仿佛是在思考大家的发言。当他走到张俭背后时，故意放慢了脚步，仔细观看那皮袍。他终于看到了那个头一年烫的小洞。

圣宗十分感动。走到张俭面前，说："张俭，你日夜为国操劳，为什么连一件好些的皮袍都不肯做呢?"

张俭连忙答道："我身为群臣之首，理应俭朴，这才能扭转奢侈之风。"

圣宗想了想，又说："朕了解你，也赞同你的想法。只是一件皮袍的确少了些，再做一件好些的，换着穿。这样吧，朕特准你到库房里从贡品中挑选一批好些的衣料。"张俭不好违抗君命，就到库中挑选。选来选去，足足花了一个时辰，好不容易挑选了一匹他中意的皮袍面料。张俭挟着选中的面料来到了大殿，谢了圣恩，将面料放在自己的位子上。满朝文武，包括圣宗看到了他挑选的面料后，都惊讶地瞪大了眼睛。原来，张俭挑选的竟是一匹粗布。